FEMINIST FIGHT CLUB

フェミニスト・ファイト・クラブ

FEMINIST FIGHT CLUB

フェミニスト・ファイト・クラブ
職場の「女性差別」サバイバルマニュアル

ジェシカ・ベネット

岩田佳代子 訳

イラスト
サスキア・ウォリナー
ヒラリー・フィッツジェラルド・キャンベル

FEMINIST FIGHT CLUB
by Jessica Bennett

Copyright ©2016 by Jessica Bennett
Japanese translation published by arrangement
with Jessica Bennett
c/o The Ross Yoon Agency LLC.
through The English Agency (Japan) Ltd.

本書の無断転用を禁じます。
また、コンセプトその他の剽窃は、
著作権法に抵触するのはもちろんのこと、
原書および日本語版の制作陣、
さらには読者に対する倫理にもとる
恥ずべき行為です。

ようこそ
フェミニスト・ファイト・クラブ（略してFFC）へ

FFC は、すべての女性のために戦う仲間の集まり。
ときには女性の軍隊や売春取締班にもなる
最高のチーム、姉妹。

今日から、あなたも、私たちの大切な友だちだ。

Contents

この本を手にしたあなたに …………………………11

フェミニスト・ファイト・クラブ（FFC）のルール ……17

はじめに：戦いの準備をしよう …………………………19

FFC がおくる「女性による女性のための宣言」…………35

Part 1 敵を知る
こんな態度に気をつけよう ……39

敵 邪魔男＆対策　44

敵 実績横取り男＆対策　48

敵 雑用押しつけ男＆対策　52

敵 上から目線男＆対策　56

敵 模倣男＆対策　58

敵 月経毛嫌い男＆対策　62

敵 母親見下し男＆対策　66

敵 じわじわ骨抜き男＆対策　70

敵 社交クラブの長＆対策　72

敵 セクハラ男＆対策　76

敵 サボリ男＆対策　79

Part 2 自分を知る
自分で自分をダメにする女性について ……85

困り者 オフィスママ＆対策　91

困り者 功績辞退者＆対策　94

困り者 ドアマット＆対策　99

困り者 曲芸師＆対策　103

困り者 永遠のアシスタント＆対策　108

困り者 引っこみ思案＆対策　111

困り者 謙虚な自慢屋＆対策　115　　　困り者 永遠の信奉者＆対策　118

困り者 味方殺し＆対策　120　　　困り者 詐欺師症候群＆対策　125

困り者 完璧主義者＆対策　132　　　困り者 神経質なおしゃべり＆対策　134

困り者 燃えつき人間＆対策　136

Part 3　思わぬ落とし穴
「典型的な言われ方」を把握し、うまく対処する方法……141

落とし穴 「女性の上司は最悪だ」＆対策　146

落とし穴 「不機嫌で、偉そうで、野心的すぎる」＆対策　148

落とし穴 「彼女、チームを引っ張っていくにはいい人すぎ」＆対策　151

落とし穴 「エンジニアらしくない」＆対策　154

落とし穴 「やかましい！」＆対策　158

落とし穴 「病んでる！」＆対策　160

落とし穴 「なんでそんなにカッカしてるの？」＆対策　162

落とし穴 「なんで笑わないの？」＆対策　165

落とし穴 「ふさわしくない応募者」＆対策　167

落とし穴 「紅一点」＆対策　168

落とし穴 「どうやってメンターを見つけるの？」＆対策　170

落とし穴 「彼女ってメチャ噂好き」＆対策　172

落とし穴 「私って『女の典型』なの？」＆対策　173

落とし穴 「彼女、おばさんだし」＆対策　176

落とし穴 「ガラスの崖から落っこちる」＆対策　179

大人の女は泣かない？　そういう歌は、間違いなく男が書いた……181

Part **4** 自分の言葉で話す
「とんでもない」しゃべり方をしないために ……189

注意したい話し方 やたらめったら謝る＆危険度　195

注意したい話し方 語尾をあげてしゃべる？＆危険度　199

注意したい話し方 歯切れが悪い＆危険度　202

注意したい話し方 「気がする」＆危険度　206

注意したい話し方 「うっわお、ヤッバ、マジでぇ……」＆危険度　208

注意したい話し方 色っぽ〜〜〜ぃ＆危険度　211

注意したい話し方 ハグ＆キス＆危険度　214

注意したい話し方（のようなもの）絵文字マニア＆危険度　217

男の辞書に染まらない「用語ハンドブック」………………………221

Part **5** ふざけるな。給料を払え
交渉用トラの巻 ……229

言い訳だらけの駆け引きをやめる…………………………………232

あなたが直面している問題は何？…………………………………233

下準備をする…………………………………………………………235

交渉の場を用意する…………………………………………………237

「万人向けの」交渉術 ………………………………………………238

「女性のための」交渉術 ……………………………………………240

交渉の場での話し方：台本…………………………………………243

最後の答え方…………………………………………………………246

おめでとう！　交渉成立だ。次は、ほかの女性を助けよう ……247

Part 6 男性ならどうする？
いいところは貪欲に盗もう……249

男性ならこうする うまくいくまで、うまくいっているフリをする＆上手なマネ方 **253**

男性ならこうする 失敗を恐れない＆上手なマネ方 **256**

男性ならこうする クールに「ノー」と言う＆上手なマネ方 **258**

男性ならこうする 許しを求めるのではなく、実行する＆上手なマネ方 **260**

男性ならこうする はじめからうまくいかなくても悲観しない＆上手なマネ方 **262**

男性ならこうする じっとしていないで、自分から求める＆上手なマネ方 **264**

男性ならこうする 最良の結果を想定する＆上手なマネ方 **265**

男性ならこうする 「我こそは」＆上手なマネ方 **267**

その正体は？：まことしやかなことを言うヤツの見分け方……269

男性たちへのサービス情報：イヤな男にならずにすむ方法……273

結論：ともに戦う女性たち……………………………281

フェミニスト・ファイト・クラブの立ちあげ方！……………285

宿題：女友だちに手紙を書く……………………290

参考文献……………………………………294

歴史に見るFFC：決起した女性たち……………295

注……………………………………………310

＊本文中の数字は巻末の注の番号を表しています。

この本を手にした
あなたに

男性上位制の世の中

フェミニズム

　アメリカでは、本書刊行の1ヶ月前（2016年7月）、FOXニュースの創設者で会長のロジャー・エイルズが、長年にわたる数々のセクハラ疑惑で辞任した。

　さらに1ヶ月後、選挙戦でそのエイルズ氏に助言役を務めてもらったドナルド・トランプの「女性に対するわいせつ行為を自慢げに語った映像」が公開された。彼は、女性に無理やりキスしたり、「体をまさぐったり」していた。

　多くのアメリカ人も私も、開いた口がふさがらなかった。我が国初の女性大統領の誕生を祝う準備をしていたそのときに、突然、女性へのセクハラを繰り返していた2人の男の話題でニュースがもちきりになったのだから。

　彼らは当然、激しい非難を浴びたけれど、結局、大したダメージに

はならなかった。エイルズ氏は会長職を辞任したものの、退職金4000万ドルを手にした。そしてトランプは……大統領になった。

この国で権力を持つ男たちの多くは、まるでレトロな風刺画のようだ。つまり露骨で、漫画っぽくて、大げさで、自責の念がかけらも見られない。

でも同時に、彼らは巧妙だ。だからこそ権力をほしいままにしているのだろう。たとえば、女性の大統領候補ヒラリー・クリントンに対しては、信頼性を疑うような質問がついてまわり、大統領としての資質も厳しく問われたのに、トランプに対してはそうじゃなかった。

ある調査では、女性が男性と同じように認められるには、男性の2倍の高い基準を満たさなければならず、もしその女性が有色人種ならハードルはさらに高くなる、という結果が出ている。

この現実について象徴的だったのは、ヒラリーに向けられた「ヒステリック」という表現だ（これは女性を評するのに男性の2倍も使われる言葉）。また、何人ものジャーナリストが、もっと笑顔を見せるべきだと彼女に言った。トランプに笑うよう勧めた人間がいただろうか？

👊

性差別が潜んでいる事例はまだまだある。たとえば、ドナルド・トランプの経歴ときたら間違いと失敗だらけなのに、多くの人はそれを許してしまう。なぜなら、男性は間違いを犯すことを認められているから。その一方、女性の間違いにはこだわり、男性に対するよりもはるかに厳しく追求し、いつまでも忘れない。

実際、討論会でトランプは、43回も相手の話をさえぎり、威嚇（いかく）するようにヒラリーの背後に立ち、「イヤな女」呼ばわりしたというのに、ヒラリーには「感じのよさ」と「威厳」の両立が求められた。そんな両立、ふつうに考えればほぼ不可能でしょ。

彼女はまた、口から泡を飛ばしているような男たちに「精神的な弱さがかいま見られる」「スタミナは足りないのに辛辣（しんらつ）さは激しすぎる」と

評された。「冷徹」「よそよそしい」「感情がない」「気性に問題あり」と噛みつかれもした。

こうした「男か女かによって態度を変える風潮」、もっと言えば「性差別の意識」は、私たちの文化に何百年も前から深く、深く根づいてきた。長い間、ものごとを仕切ってきたのも、責任を負ってきたのも男だった。意見を聞いてもらえる「資格がある」のも男性だけのように思われてきた。だから、いまもなお、男女を問わず、その感覚が人々の心に染みついているのだろう。

多くの場合、「性差別の芽」は若いうちに顔を出す。

中学校で、クラスの話し合いのときに活発に発言する男子は、女子の8倍近くにのぼる。一方の女子は、手を挙げても指名されるまでは待っているよう教えられる。

映画やテレビでも、いっぱしの演説をぶるのは決まって男優だ。データによると、共演する女優は、セリフも画面に映る時間も、男優の半分ほどにすぎない。

だから、たいていの人は、「大統領」や「重役」と聞くと反射的に男性を思い浮かべ、「アシスタント」や「助手」と聞くとつい女性を思い浮かべる。ずっと前から、こういうふうに教えられてきたのだから、仕方ない。

♡

とはいえ、こうした現状に満足する時代はもう終わった！

本書執筆からさかのぼること2ヶ月、世界中の女性たち（と男性）が、まる1日かけて抗議集会を行なった。近年最大規模のこの「ウィメンズ・マーチ」には、じつに世界673の都市の、400万人もの男女が参加した。

アメリカでも、大勢が大挙して練り歩きながら、イスラム教徒の入

国禁止に抗議したり、トランスジェンダーにトイレを選べる権利を与えるよう訴えたりした。参加者のなかには、難民の強制送還中止を命令したアン・ドネリー連邦地裁判事や、「移民の入国禁止令の合法性に確信が持てない」と発言し、その後解任されたサリー・イエイツ司法長官代行もいた。

♡

　この本には、職場で横行する性差別との向き合い方や戦い方が書かれている。でも、それだけじゃない。みんなで力を合わせて、あらゆる不正と戦う方法も書かれている。

　フェミニスト・ファイト・クラブのメンバーになるということは、仲間である女性をサポートするということ。同時に、どんな状況でも、人種差別や性差別、同性愛嫌悪、外国人嫌悪にはっきり反対していくことを意味する。

　大勢が集まれば、力になる。

　さあ、あなたもこの本を読んで、みんなと力を合わせていこう！

　知恵と勇気とウィットがあれば、自分自身はもちろん、ほかの女性たち、さらには男性たちもあなたの味方になってくれるだろう。

　だから、屈することなく戦おう！

ジェシカ・ベネット

① パチンコ：邪魔するやつを黙らせるために。
② 拡声器：あなたの声をしっかり相手に伝えるために。
③ ティッシュペーパー：不意に涙がこぼれたときのために。
④ ヘアピン：戦いの最中、目に髪がかからないように。
⑤ スタンプ：これがあれば誰もあなたのアイデアを盗めない。
⑥ ウィスキー：いつ「飲まずにいられなくなる」かわからないから。

［フェミニスト］名詞
男女は平等だと本気で考える人（あなたのこと！）

［男性上位制］名詞
男性によって、男性のために確立された制度。
すべての男性が男性上位制に則っているわけではないが、
私たちは断固として、「男性上位制＝男性の考え」と考える。

［フェミニスト・ファイト・クラブ］名詞
あなたの仲間、戦友、味方。
あなたを無条件で助ける、百戦錬磨のサポートシステム。
あなたのためなら何でもする親友たちの集まり。

フェミニスト・ファイト・クラブ (FFC) の ルール

ルール 1
フェミニスト・ファイト・クラブについて
語らなければならない。

ルール 2
フェミニスト・ファイト・クラブについて、
なにがなんでも語らなければならない！！！

ルール 3
私たちの敵は男性上位制であって、
女性同士で戦うつもりはない。

ルール 4
FFCのメンバーであるということは、
ほかのすべての女性を助けると誓いを立てたということだ。
戦う仲間とは讃え合おう。

ルール 5
FFCは来る者を拒まない。上下関係もない。
みんな同じ仲間だ。

ルール 6
「やめろ」「力を抜け」「降参しろ」などという声が聞こえても
すべての女性が平等を手にするまで
戦いは終わらない。

ルール 7
平等になるには、きっとまだしばらくは時間がかかる。
だから、お気に入りのスウェットを着ていよう。

ルール 8
傍観者はいらない。全員で戦おう。

はじめに
戦いの準備をしよう

法律は、私たちのために何もしてくれない。
だから、自分たちでどうにかしなければならない。
この国の女性は、革命家にならなければならないのだ。
　　──シャーリー・チザム（米連邦議会初のアフリカ系女性議員）

　私たちのフェミニスト・ファイト・クラブ（以下FFC）は、12人で始まった。メンバーは、20〜30代の売れない作家やクリエイターなど女性ばかりで、大半がバイトをしていた。
　最初のころは、だいたい1ヶ月ごとに友人のアパートメントに集まった（正確には、友人のご両親のアパートメント。なにしろ、これだけの大人数を受け入れられる大きな家に住んでいるメンバーなんて、ひとりもいなかったから）。
　部屋を提供してくれた友人は、パスタやサラダを用意してくれ、私たちはワインを持っていった（ついでに炭酸水も。どういうわけか、私たちはみんな炭酸水が大好きだった）。
　それから、それぞれのお皿に食べ物を山盛りにし、リビングのふかふかのソファに身を沈めては、自分たちの仕事のことを語り合った──というよりグチり合った。

このころは、ルールもまだシンプルだった。

- クラブ内で話したことは口外しない。
- メンバーはクラブの名前を決して口にしない。
- 徹底的に女性を身びいきする。

　いったんメンバーになれば、身内も同然だった。仲間から親友さながらのサポートを受け、両手を広げて歓迎され、大事にされ、指を鳴らしたりグータッチしたりして励まされた。ときには猫のビデオも見たけれど、猫のような意地悪な真似はなし。ここは能力主義とも無縁の世界で、掲げていたのは「意地悪な女の子はダメ」だけだった。
　私たちはみな、聡明でやる気満々の女性だった。生ぬるい生き方をしていたら飲みこまれてしまうニューヨークという街で、「成功」を手にすることを望んでいた。
　メンバーは全員、いわゆる「ガールパワーの時代」に育ってきた。女の子は何でもなりたいものになれるし、やりたいことがやれる——それが単なる励ましではなく、実現されるべき言葉だった時代だ。
　私たちもそれを信じた。女性差別なんて自分たちの母親世代の遺物、その戦いには、とっくの昔に勝利したと思っていた。
　それなのに……。
　いざ社会に出て働くようになると、あらゆる職場、あらゆる役職、いや、どうやらいたるところで、女性たちが性の「地雷」に巻きこまれていた。しかもその多くは、私たちが存在すら知らない地雷だった。でも、他人のことなんて気にしていられなかった。さもないと、自分が地雷を踏んでしまいかねなかったから。
　FFCでは毎回、誰かがホスト（進行役）を務めた。ホストはときどき、手書きの質問を記したカードを配った。「5年後、どんな地位についていたいか？」「今年、他の女性を助けるためにどんな計画を立てているか？」「一番好きな女性アーティストは……」（あっと待った、こ

れはもちろんビヨンセだ)。

　場合によっては、もっと少人数で、気軽に集まることもあった。「仲間の誰かが苦境に立たされている」「面接や記事の締め切りが目前」「今にもノイローゼになりそう」「失業の影がちらつきだした」といったときだ（どれもメンバーのほとんどが実際に直面した問題だ）。

　でもたいていは、顔を突き合わせてお菓子を食べ、くだらないことをしゃべったり、仕事の話をするだけだった。

　当時のメンバーは、たとえばこんな感じだった。

　ダニエル[*]は、ユーモアセンス抜群の素晴らしい作家だ。有名なテレビ番組のアシスタントとしてせっせと働きながら（当時は女性の放送作家など皆無だった）、本を2冊執筆し、ウェブビデオを製作し、画像処理ソフトを使ったデジタル画像の加工を独学した。そうやって身につけた技術を活かして、ときにはFFCの集いを知らせるカラフルな案内状もつくってくれた。

　けれど職場では、いつも昇進を見送られていた。ダニエルはうんざりし、不満を抱き、退屈で死にそうになるたびに、ネットで感動的な女性のニュースを検索した。そして、ついでにそれを私たちにも送ってくれた。そうすることで、自分だけでなく、メンバーも励ましてくれたのだ。

　そうそう、猫がワンポイントになってる「フェミニスト・トレーナー」もつくったっけ（メンバーの誰ひとり、それをどう売ればいいかわからなかったけど……）。

---

[*] 本名ではない。FFCの他のメンバーの名前も同じ。グループのプライバシーは守らなくちゃね。

それから、広告代理店でプロジェクトマネジャーを務めるノラ。彼女は、激怒のあまり私たち全員にメールを送ってきたことがある。すごく大事な顧客との打ち合わせを仕切っていたとき、男性の同僚が「みんなのために、急いでコーヒーをいれてきてくれないか」と言ったからだ。

ノラは呆然としたものの、気がつくと重い足取りでキッチンへ向かっていた。そのあと、ブラウスにコーヒーのシミをつけて打ち合わせの席に戻り、すごい目でその男をにらみつけてやったらしい。

いまいましい報告は、まだまだある。

生真面目なウェブ開発者レイチェルは、男性の上司から「スタッフに対して強気に出すぎることがある」と言われた。遠まわしな言い方だけど、本音はみんなわかっていた。やかましくて小生意気、要は「女性らしさ」に欠ける、というわけだ。

彼女は仕事ができた。疑問の余地もないほどに。なのにどうして、話し方ひとつでガタガタ言われなければならないのだろう。

ドキュメンタリー映画の製作者ターニャは、企画を実現させたい一心で、自分のアイデアを男性の同僚に提供した。もちろん内心では激怒していたけれど、異を唱えはしなかった。「感情をむき出しにしている」(とか、チームプレーができない)と思われたくなかったからだ。

そして私も……。

私はこのころ、ポルノやGIFでよく知られるサービスを提供してい

たタンブラー社で働いていた。そこで、たとえばコンテンツを製作してもらうためにジャーナリストたちを雇ったりするのが仕事だった（当時は広く話題になった試みだ）。

少しの間だったけど、私はハイテク企業の恩恵に浴した。食事はタダ。お菓子は食べ放題。職場に愛犬を連れてきてもオーケー。最高級の水出しコーヒーに、それを配達してくれる、イケてる「バリスタ」のグレイディ。休暇も取り放題。指紋認証で出てくるビールサーバーもあった（各人のビールの好みまで認識してくれた）。

おまけに、休暇が明けたときや、好みのビールを堪能したり、愛犬と遊んだりしたあとに使えるようにと、卓球台まであった（ただし、その卓球台が、私の机から180センチほどしか離れていなかったのにはうんざりした。冗談ではなく、ピンポン球が当たり前のように私のパソコンの上で飛び跳ねてたんだから）。

タンブラーでの私

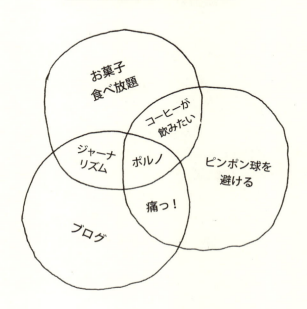

職場以外でも、みんなでバスケットボールの試合を観戦したり、〈メディバルタイムズ〉（訳注：中世ヨーロッパのコロッセオで騎士たちが闘うというディナーショーなどが有名なレストラン）で食事をしたりした。職場での社交の時間には、スタッフがみんな仲よく集まってカップを合わせた——これまた私のデスクのそばの卓球台で。

　けれど、一番肝心な仕事そのものについては問題があった。

　そのとき私は、ある男性編集者と一緒に採用されていた。彼とは顔見知りだったし、人柄もよかった。君たちは共同編集者だ、と私は言われ、CEOへの報告もふたりで一緒に行っていた。

　問題は、私にだけ肩書きがない、ということだった（自分のためのメモ：肩書きを手にするまでは、絶対に仕事を受けないこと。たとえ、自分の肩書きは自分で「選択できる」と言われていてもだ）。一方、共同編集者の彼は、編集長の肩書きを選択していた。編集長——それはこの業界で手にしうる最高の肩書きで、概して編集部の絶対的な支配者のためにとっておかれるものだ。

　でも、「気にやむことはない」と人事部長に言われた。「ここでは一切上下関係はなく、誰もがまったくもって対等なんだ。で、君はどんな肩書きがほしかったのかな？」（結局、私が選んだのは「編集主幹」だった）

　もちろん、悪いことばかりではなかった。前述した同僚たちも編集長もいい人だった（フェミニストでもあった！）。彼は有能な弁護士と結婚した。2人のかわいい子どもの父親だ。進歩的！　頼もしい！　陽気！　それでも、問題はなくならなかった。

　なぜなら、私はとんでもない上司から陰湿ないじめを受けていたからだ。

　彼は、老練なマネジャーで、いつも厳しい命令口調だった。どうすれば男性ばかりの部署で部下からの信頼を得られるかを、熟知していた。それに対して私は、いつも自信なさげな話し方だった。ミーティングでどんなにいい意見を言っても、みんなの注目を集めるのは私で

はなく、上司のほうだった。

　何かのプロジェクトについて議論しているとき、そのプロジェクトを指揮していようがいまいが、彼はいかにも責任者のような顔をしていた。190センチ近い長身、42歳という年齢、さらには白人男性という権威を振りかざした声で、私のアイデアをそっくりそのまま繰り返す。そうやって、さも私を支持しているかのようなフリをしながら、最終的にはすべてを自分の手柄にした。

　とはいえ、結局、私は1年あまりしかこの職場にいなかった。こうした問題が深刻化する前に、突然、全員が解雇されたからだ。大手企業（ヤフー！）による買収の前ぶれだった。

　だけど、じつのところ、性差別的な職場で働いたのは、これが初めてじゃなかった。

　私のキャリアは『ニューズウィーク』で始まった。ここは、オールド・ボーイズ・クラブ、つまりエリート意識の高い男性が牛耳っている職場でも最古のひとつで、かつて性差別があまりにもひどいせいで、女性スタッフたちから訴えられたこともある。

　そのとき訴訟を牽引したのは、若い公民権専門の弁護士で、いまは下院議員として活躍するエレノア・ホルムズ・ノートンだ。1970年のことで、この手の訴訟の第1号だった（この話、聞いたことない？　本にもなったし、『グッド・ガールズ！〜NY女子のキャリア革命〜』というテレビシリーズにもなったんだよ）。

　当時、『ニューズウィーク』にいた女性たちは、自信と知性に満ちあ

はじめに　25

ふれていた。メンバーは、フルブライト奨学生、卒業生総代、裕福な家庭出身、米国東部の名門女子大学7校の卒業生などなど。のちにノートンは言っている。「彼女たちを見たら、職場で恐れるものなど何もないと思ったでしょう」

ところが、彼女たちは面と向かって「女は書くな」と言われていた。男性の上司からは「かわい子ちゃん」呼ばわりされた。任されていた仕事といえば、実地調査とその報告。あとは郵便物を載せたカートを押してまわり、コーヒーを配ること。どの仕事でも、彼女たちに求められていたのは、なにかしらを男性に渡すことだけだった。

「ただただ、むなしかったわ」。そう言うのはスーザン・ブラウンミラーだ。フェミニスト研究家の彼女は、1960年代の一時期、『ニューズウィーク』で調査員（つまりは「郵便物のカート押し」）をしていた。このとき一緒だったのが、のちの映画監督で脚本家のノーラ・エフロンだ。ふたりとも訴訟の前に職場を去っているけど、そのとき残っていた調査員の言葉は、いまも私の心に焼きついている。

「しばらくするとね、どうしようもなく自信がなくなっていくのよ」。彼女は話してくれた。「そして思いはじめるの、『書くのは男性の仕事なんだ』って」

　　　ノーラ・エフロンが1962年に初めて就いた仕事は、『ニューズウィーク』の「郵便係」だった。
　　　面接で彼女は、志望理由を聞かれた。
　　　「記者になりたいんです」。彼女は答えた。
　　　するとこう言われた。「『ニューズウィーク』じゃ、女は記事を書いたりしないんだ」

これは初耳だった。でも、それから40年以上がたった私の時代でも、周囲からは似たような話をしょっちゅう聞いた。そう、記事を書くのは、やっぱり「男の」仕事だった。

私だって記者だったし、それを証明する肩書きもあった。多くの女性の同僚もそうだ。けれどあのころも、私たち女性の書く記事の掲載頻度は、男性スタッフの足元にもおよばなかった。同期入社した男性の同僚のように、すぐに出世もさせてもらえなかった。

　いやでも気づいたのは、売れない週刊誌を率いているのは、ほぼ完全に白人の男性だということだった。のちに私たちが、丸1年かけて署名記事を数えてみたところ、雑誌の巻頭特集記事49本のうち、男性が書いていなかったのは、たった6本にすぎなかった。

　それでも、『ニューズウィーク』は若いジャーナリストにとってはまだ恵まれた職場だった。大学卒業後に初めて就いた職場がここで幸運*だ、と私は思った。ただし、私が自分の能力に初めて疑問を抱くようになったのもこの時代だったんだけど。

　私は自分をアピールするのがとにかく苦手で、部屋にいる人たち（たいてい全員男性）に自分のアイデアをプレゼンするよう言われると、途端にしどろもどろになった。編集室内にバスケットボールのリングが設置されたり、セクハラ上司が私の机のそばでうろうろしていると、もうどうしていいかわからなくなった。相談できる人もいなかった。それどころか、ただ話ができる女性の先輩すら、ほとんどいなかった。

　はっきり言って、露骨な性差別ではなかった。女性の記事執筆を禁じる正式な方針があったわけではない。反対に、女性への門戸は開かれていた。だからこそ、それまでになくたくさんの女性が、その門から入ってきた。だけど、長い間に染みついた男性たちの態度は、1世紀程度で簡単に消えはしなかった。

＊　幸運：女性が成功する際の大きな要因。男性の場合：能力。

はじめに

『ニューヨーク・タイムズ』のコラムニスト、ゲイル・コリンズから
こう言われたことがある。彼女の時代も性差別は横行していたが、そ
れはあまりに露骨だったから、目にすればすぐ性差別だとわかった。
皮肉だけど、それはかえってよかった、と。

たしかにそうかもしれない。たとえば、お尻をさわられたり、「女は
『ニューズウィーク』じゃ書かない」と言われるのは、明らかにフェア
ではないけれど、少なくともそれがフェアでないことはちゃんとわか
った。それは疑う余地のない差別——法的定義と動かしがたい証拠が
ある性差別だ。本当にあったの？　私がどうかしてるんじゃない？　目
撃したのは私だけだったんじゃないかしら？　などと悩む必要がなか
った。

でも今は？　今は50年代の性差別がまだ根絶されていないのに加え
て、別の種類の性差別が登場している。ある意味では、昔よりもっと
ひどくなっているものさえある。

たとえば、有色人種の人たちが日々耐えている、些細だけどいわれ
なき攻撃（狡猾な悪態や解雇に隠された人種差別）のように、今日の
性差別は、陰険でありながらさりげなく、表面的には正しい表現で、
親しげでさえある。

でも、差別はその陰にこっそり存在し、私たち女性の成長を邪魔す
る。あるいは単に、権力を求める女性を「毛嫌い」する。

厄介なことにそれらは、具体的に特定できない。とりたててあから
さまでもないし、数値化も難しい。声高に非難するのはもっと難しい
たぐいの行動で、はっきりと自覚があるとも言えない。ときには、心
から好意的な上司や進歩的な同僚、さらにはフェミニストにさえ見ら
れることもある。

もちろん、だからといって差別される側のダメージが少なくなるわ
けじゃない。

日常的に、会議の席で男性は、無意識のうちに女性にメモをとるよ
う言う。あるいは、実際は女性が仕切っているのに、責任者は男性だ

と間違えられる。グループ内で何度も話の腰を折られたり、自分のアイデアをほかの男性のものにされたりする。女性は、ありとあらゆるルールに従い、力不足なフリをし、リーダーになっても「気が強すぎる」と思われないよう気を使わなければならない。なにしろ、同僚の男性が女性を「ものすごくやる気がある」と評するときは、褒めているのではなく、けなしているのだから。

　気立てがよくなくてはいけないが（女性はみんなそうだから！）、よすぎてもダメ（人のいいなりになりたくはないだろう）。母親らしさは必要だが（人の面倒をみるのは当然だから！）、本当に母親になってしまってはダメ（母親は「ビジネスの場にふさわしくない」とされてしまうから）。信頼されるよう自信は持たなければならないが、持ちすぎはダメ（高慢な女性は嫌われるから）。さらにその女性が有色人種だったら、男性と同じくらい仕事ができると証明するために、男性の2倍どころか、3倍も4倍も5倍も働かなければならない——それが現実だ。

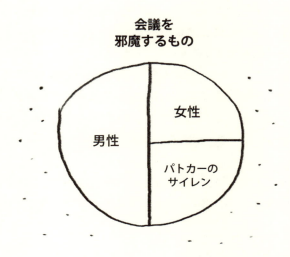

「女性は男性に比べて依然として自己肯定感が低い」のも、「男性の出世は好意的に受けとめるのに、女性だと否定的にとらえられる」のも事実だ（だからこそ女性は、笑顔を絶やさず、感謝と思いやりを忘れず、同僚と共通のゴールを目指すことを強調し、理解を示さなければならないのだ）。

こうした性差別は「差別される側の人たちをじわじわと破滅に追いやる」と言う人たちがいる。たしかに、侮蔑の言葉も、ひとつやふたつなら対処できるかもしれないが、チリも積もればで、日常的にやられたら、だんだん追いつめられていく。

> [狡猾な性差別] 名詞
> 「私がおかしいだけなのかな」とあなたに思わせるような性差別のこと（大丈夫、あなたはおかしくなんかない）。

今日の男女平等の姿には、いい点もたくさんある。以前よりもはるかに多くの女性が大学を卒業し、修士号や博士号を持つようになったし、有色人種の女性たちがすべての女性の先頭に立って戦うようにもなった。実際、米国教育統計センターによると、現在アメリカで最も教養があるのは黒人女性のグループだそうだ。[*]

また女性たちは、ソーシャルメディアにも強い影響力を持ち、1970年代の女性解放運動以来見たこともない、さまざまな行動にも積極的に関わっている。そして、（これは恐らく初めてのことだろうが）テレビやポップカルチャーでも活躍するようになった。

それでも。

女性は依然として（依然としてだ！）、同じ地位にある男性の93パーセントの賃金しか手にしていない。[1]賃上げの交渉をする女性は、あ

---

[*] 米国教育統計センター 2016 年度版「ファストファクト」より。
　　https://nces.ed.gov/fastfacts/display.asp?id=72

らゆる人種と民族の女性の4分の1にすぎず[2]、そんなことをすれば、厚かましいだの傲慢（ごうまん）だのとみなされる。

　なかにはぜいたくな悩みもある。けれど大半の悩みは、貧困に瀕している4200万人のこの国の女性にとって、いちだんと深刻な問題になっている。

　統計では、社会にとっても性差別をなくしたほうがプラスになることがはっきりしている。女性の雇用によって、仕事はますますうまくいく。より協調性が生まれ[3]、利益も上がり[4]、さらに包括的になる[5]*。実際、女性リーダーのほうが効率的で[6]、余計な危険を冒す可能性も低く[7]、マルチタスクにすぐれ[8]、相手の感情を理解する能力もはるかに高い[9]。

　『ハーバード・ビジネス・レビュー』によれば、これは「社会科学における最も直感に反していない結果のひとつ」だ。研究結果が示しているように、真の男女平等は、アメリカのGDPを26パーセントも押しあげるのだ[10]。

　だから、より平等な社会になれば、職場の平等を進める方針（有給家族休暇の付与！　賃金の平等！）が採用されるだろう。他のたくさんの権利についても。

　でも、ふと思ってしまう。そんな社会を実現するには、これまでの何十年にもわたる戦いよりも、さらに長く険しい戦いが待っていそうだな、と。

　そんな私たちに必要なのは、独自の武器、「有利に」戦える武器だ。

　それから、性差別がどれだけ大きな壁となって立ちはだかっているかを証明するデータも必要だし、反撃のための作戦も必要だ。政治への関心や抗議集会への参加も。毎日のように職場で直面する、うんざりするたわ言に対処するツールの必要は言うまでもない。

＊　面白い話：グーグルの共同創業者ラリー・ペイジとセルゲイ・ブリンが、マリッサ・メイヤーをグーグル初の女性エンジニアとして採用することに決めた際、ふたりはマリッサに言った。「僕らは山ほど本を読んでわかったんだ、男女のバランスがとれていれば、その組織はいちだんとうまく機能するってね」

はじめに

ダイバーシティ（多様性）研修だけでは、問題は解決できない。それだけでは、意を決して権限を求める女性が「でしゃばり」扱いされ、煙たがられるままだろう。アメリカ人が依然として男性の上司（と政治家）を好むという事実もどうすることもできないだろう。そして、私たちの職場には相も変わらずセクハラが横行するだろう。人事部にそれを押さえる力などないも同然だ。

だから、とりあえず大事なことから一歩を踏み出そう。

これは、個人でどうこうできる問題ではない。
他の女性たちを（男性も）味方につけよう。
そのためにも、まずは団結しよう。

私がFFCを立ちあげたときは、クラブのことを口外しないこと、その存在を隠しておくことがとても大事だった。FFCはネットワークグループでもなければ、SNSを使ってつながりを増やす場でもない。私たちがグチり、泣き、わめき、笑える場所。誰からもあれこれ言われる心配なしに、なんでも好きにできる場所だった。

何年もの間、FFCの活動は、私たちだけでこっそりと行なわれてきた。その存在は、高価な宝石のようにそっと秘密にされてきた。

しかし、ときはきた。FFCのことを語るときが！　それも、誰かのリビングで静かに、ではなく、大きな声で堂々と語るときが――。

この本は、私たちのような「性差別に気づきながら、大した問題ではない（あるいは、全部自分が悪いんだ）」と自分に言い聞かせている女性のために書いた。不正を目撃したとき、声をあげたいけど、そんなことをしたらペナルティを課せられるかも、と心配している女性や男性のために書いた。

どうか知ってほしい。すべての女性は、もうこれ以上我慢しないですむ勇気と、情報と、強靱な意志と、覚悟、そして誰にも、どんな組織にも負けない強さを身につけることができる。あなたも――そう、あ

なたも！
　女性は誰でも戦士の心を持っているのだから。
　この本を書いている間、私の机にはいつも、1970年代の古い本が置いてあった。女性解放運動に火をつけた、その黄ばんだ本の表紙には、突きあげられた赤い拳が描かれている。"Sisterhood Is Powerful（女性の連帯は力を生み出す）"というタイトルで、最初の1行には、とてもシンプルな言葉が書かれている。
　「これは、行動するための本です」
　この本も、行動するための本だ。あなたが知っておくべき行動のしかた、受け止め方、心の持ちようが、ここにすべて書いてある。

フェミニスト・ファイト・クラブへようこそ。
これは実践のための本です。

FFC がおくる
「女性による女性のための宣言」

FFC とは何か？

　FFC とは女性たちの同盟だ。対象年齢に制限なし。世界中にこれを普及させるべく頑張る、あるいは頑張りたいすべての女性、さらには、そんな女性をサポートする男性と連帯する。

　性差別の現状に終止符を打つのは女性だ。

　自分たちが怒っていることにまだ気づいていないのも女性だ。

　ようこそ、我らがクラブへ。あなたは終身メンバーだ。

FFC が目指すものは？

　FFC は、さらなる女性リーダーの輩出を目指す。白人女性にかぎらず、より多くの女性が科学者、エンジニア、深夜のトーク番組の司会者、テレビ番組の制作総指揮者を務めることを目指す。

　奴隷解放活動家タブマンの顔が印刷された札束を撒きちらそう（彼女こそ新たな 20 ドル札の顔だ）。もちろん、100 ドル、50 ドル、10 ドル、そして 5 ドル札にも女性の顔を印刷させたい。

　それから、性差別的な言葉や、すぐに「笑って！」と言われる日常

「女性による女性のための宣言」　　35

を変えたい。賃金の平等化、有給休暇に対する政府助成金の獲得にも努力する。

それからそれから、なんとしても、私たちが生きている間に、すっばらしい女性大統領を誕生させたい！

私たちは三方向からアプローチする。自分のために戦い、仲間の女性のために戦い、組織と戦うのだ。

FFCのメンバーかどうかは、どうすればわかる？

ムフフッ、私たちは溶けこむ術を身につけている。

FFCのメンバーは、一見どこにでもいる「ごくフツーの」女性だ。副大統領のことをツイートしたり、あなたの子どものサッカーの試合にオレンジのスライスを差し入れしたり、マッチングサイトの「ティンダー」で左スワイプして男を却下したり……。もしかしたら、ジムであなたの隣で体を動かしているかもしれない。

だけど用心したほうがいい。FFCのメンバーは、統計に基づく反撃のしかた、交渉のしかた、それに自覚なき差別的言動の阻止のしかたについても、しっかり訓練を受けている。そればかりか、コンピュータのコードも知っているし、手榴弾の分解のしかたもわかる。もちろん、ミッシー・エリオット（訳注：ヒップホップの女王とも呼ばれる歌手、アーチスト）の歌も。

FFCのメンバーが、職場をより快適にするには？

やることはいろいろあるけれど、まずは授乳室を用意しよう。掃除用具入れとの兼用なんてしないでよ。それから、夏のオフィスの室温は13度以上にしよう（冗談抜きで、凍死しそうになっているのは私だけ？）。

続いて、『大人の女はどう働くか？』（海と月社）を、男性上司の机にさりげなく置こう。

ああ、それから、今度妊娠8ヶ月の同僚に、「産休は楽しみか」と聞

THE FFC WOMANIFESTO

きたくなっても、絶対口にしないこと。

男性もFFCに入会できるのか？

　もちろん！　むしろそれを勧めている。男性が賛助会員になる一番簡単な方法は、今すぐ273ページを見ること。「男性たちへのサービス情報」の項で、どうすればいいかを説明しているから、それをプリントアウトしてズボンのポケットに突っ込んで。

　そのうえで、地元の喫茶店でひたすら待っていれば、やがて誰かが入会させてくれるはず。

　決して焦らないで。FFCの女性は、あなたを見ればちゃんとわかるから（ついでにカプチーノもいただくわよ。ごちそうさま）。

　入会の声がかかりやすい場所はほかにもある。たとえば、地元にある個人経営の書店の「フェミニズム」のコーナー。レズビアン御用達の怪しげなバー。ポエトリー・スラム（訳注：詩の朗読競技）。性差別に抗議するデモ……。

　とにかく、どこかで、誰かが、きっと声をかけてくる。

　　付記　ユーモア作家シャノン・リードに感謝を捧げる。この宣言書ができたのは、彼女が『ザ・ニューヨーカー』の"Daily Shouts"に書いた記事「おひとりさまの備忘録」のおかげだ。

「女性による女性のための宣言」

Part **1**

敵を
知る

こんな態度に
気をつけよう

最初に戻ろう。

フェミニスト・ファイト・クラブ（FFC）の設立は2009年だけど、狭苦しい部屋に集まって仕事のグチをこぼし合ったのは、私たちが最初だなんて言うつもりはない。私の母の世代も、女性たちは毎週「意識向上の集い」と称して集まっていた。夫たちの留守をねらっては「家事についてどう思う？」「人生で何をしたい？」「オーガズムを感じたフリをしたことはある？」などと互いに聞いていたのだ。

そして、こうしたグループが次第に、フェミニズムのムーブメントを起こしていった。次の世代の女性たちは、アングラ新聞を発行したり、信念に基づいてロビー活動をしたり、山のような抗議行動を行なった。雑誌の『レディース・ホーム・ジャーナル』では、女性編集者を求める座りこみをした。ウォール街では、「オーグル＝イン」と言って、あえて男性を性的な目でジロジロ見つめる報復をした。

また、1968年のミス・アメリカ・コンンテストでは、史上最も有名なデモが行なわれた。参加者たちはこのとき、ブラジャーやガードル、ハイヒールを「自由のゴミ箱」に投げ入れた[*]。

グループごとにやり方は異なったし、意見の食い違いもあったけど、運動のまとめ役でもあったキャシー・サラチャイルドが書いたように、女性は「最も刺激的な存在」だという信念は共有していた（彼女は、「女性の連帯は力を生み出す」という斬新な表現もした）。

一方、私のFFCが立ちあげられたのは、とある日の午後、マンハッタンにあるマクドナルドの上階でのこと。ミルクシェイクを飲み、ポテトを食べながらだった。そのときいたのは、女ばかりたったの3人。全員、テレビ局の下っ端スタッフをしていた。オバマが大統領の地位

＊ 投げ入れただけで、実際にブラジャーを燃やしてしまったわけではない。

を確実なものにしてからまもなくのことで、ちなみにそのときの議会では、女性の議席がただのひとつも増えなかった（1978年以来初のことだった）。

　その年には、ほかにもいろいろなことがあった。トーク番組の司会者デビッド・レターマンが、アシスタントと一線を超えたことを認めた。スポーツ専門チャンネルESPNの解説者が、若いスタッフと関係を持ってクビになった。それから歌手のクリス・ブラウンが、当時の恋人で同じく歌手のリアーナへの暴行で訴えられた。

　こうした一連の事件も、クラブ設立の契機になった。でも、もっと大きな要因は個人的なものだった。仲間のひとりだったリサーチャー助手が、1年以上にわたって、自分の給与等級より2ランクも上の仕事をこなしていたのに、昇進を求めたら「その時期じゃない」と言われた。その後、アシスタントとして4年勤めたあとで、ようやく「昇進」はさせてもらえたけど、昇給もなければ、直属の上司もいなかった。

　彼女の職場の席は、窓のないクローゼットのような小部屋にあった。郵便物を仕分けする部屋の隣で、社長がドライクリーニングに出す衣類を置いておく場所だった。彼女はそこを、クローゼットオフィス、略して「クロフィス」と呼んでいて、なんとか閉所恐怖症にならないよう、壁にカリブ海の風景がプリントされたウォールステッカーを貼ったという。

　「もう、どうしていいかわからない感じだったし、そういう状況から抜け出すすべもなかった」。のちに彼女は言った。「他の人たちとのつながりもなかったし、相談に乗ってくれたり、アドバイスをくれる人

もいなかった。それにみんな——っていうか、とにかくうちのオフィスでは、男性の意見のほうが重みがあるって、早くから決めてかかってた気がする」

　最初の正式なミーティングを開いたのは、ある金曜の夜だった。場所は例のクロフィス生活を強いられていた彼女の両親のアパートメントだ（19 ページに書いたとおり。ご両親は寝室に追いやる形になってしまい、お手洗いを借りるときは一応抜き足差し足で歩いていった）。その夜、集まった 12 人で投票して、グループの名前を「フェミニスト・ファイト・クラブ」に決めた。ちなみに、「V.A.G.I.N.A. (Very Angry Girls in New York Media Association)」なんて候補もあったけど、ヴァギナもメディアも対象範囲が狭すぎる、という理由でボツ。「猫の集い」も、猫屋敷の独居老人みたいな意味にとられかねないからボツになった。

　この日はまた、みんなで読み上げるための、女性について女性によって書かれたものか、女性に勇気を与えるものを持ってくることになっていた。夕食も「がっつり」いただけるらしかった。お腹をすかせてくるよう言われていたから。

招待状にはこうあった。「夕食は『がっつり』食べましょう。どうか、お腹をすかせてきてください」

　12 人は、大半が初対面の女性だった。友だちの友だちや、顔見知り、ものすごく関係の薄い同僚などの寄せ集めだ（私は、場所を貸してくださったお母さんの友人からの紹介）。でも、全員がほぼ同年齢で、だいたい似たようなキャリアを歩んでいた。なにより私たちは間違いなく「ニューヨーク・ノイローゼ」でつながっていた。

　それぞれ、恵まれてはいた。大卒だし、まあまあまともな部屋に住んでいた（グループのメンバー全員が入れるほど広くはなくても）。副業や、副々業もしていたけど、それも、自分たちが本当にやりたいことを追求できるからだった。

それでもやっぱり、このとき（半円形に座って、それぞれがチーズを口に押しこんでいた）までは、なんというか、孤独を感じていた。密かに抱えていた諸々の問題について本音で話したことなど一度もない参加者がほとんどだった。そればかりか、自分のほうが問題社員なんじゃないかと、多くの参加者が思っていた。

　現状認識がまったくできていなかったわけじゃない。性差別があることは、ちゃんとわかっていた。ただ、自分たちが経験していることは、いわゆる性差別とは違うもの——もっと敵意がなくて、もっと油断のならないものだと感じていた。

　ある女性が聞いた。「会議でいつも『黙れ』と邪魔をしてくる男性がいるんだけど、ムキになったり、イライラしていると思われずに対処するにはどうしたらいいかな」。別の女性が言った。「私のアイデアなのに、名前をきちんと出してもらえないまま、男性の同僚にプレゼンされてしまったら、どうすればいい？」

　どちらも、開いた口がふさがらないほどひどい行為、ではなかった。どちらも私たちの「愛する」男性が、昔から往々にして当然のようにしていることだ。

　だけど、問題であることは間違いない。「そういうものよ」と、なかったことにしてしまうのではなく、ともに手を取り合って状況を改善していくにはどうしたらいいのだろう……。

　誰も口に出しては言わなかったけど、あの夜、初めてのミーティングに参加して、みんなホッとしていた。「よかった、私だけじゃなかったんだ」、そう心の中でつぶやいていたと思う。

　あの日、私たちは母親世代のフェミニストたちがいつもやっていたことをした。つまり、自分の問題は、みんなの問題でもあることを認識したのだ。

　みんなの問題なら、私たちはちゃんと応戦できる。応援し、支えてくれる仲間の女性がいるのだから——。

Part 1　敵を知る　43

敵
邪魔男

あなたは、2009年のあの瞬間を覚えているだろうか。カニエ・ウエスト（男）がビデオ・ミュージック・アワードのステージに乱入し、テイラー・スウィフト（女）の手からマイクを奪い、いきなりしゃべりだした瞬間だ。あのときの映像は、ほぼ全米中の女性の脳裏に刻まれていると思う。

あのシーンが象徴しているように、私たち女性が何かを発言しても、結局は男性の大声にかき消される。女性は、一応男性の話に相槌は打つ（まあ、おそらくかなり適当だが）。でも男は、威張りくさった声で、女性の話に割って入ってくる。私たちには知性があるが、男にあるのは声帯だ。それを駆使して、私たちを黙らせ、自信を失わせ、私たちの仕事を利用してのしあがる。

この手の「邪魔男」の存在は研究でも明らかだ。男性は、専門的な会議の席で女性よりもたくさん発言し、女性よりもひんぱんに人の発言に割って入る。一方、女性が話をすると、男性の2倍の確率で邪魔をされる。しかも男女双方からだ（ちなみに、それが有色人種の女性だと、この確率はもっと高くなる）。

対策

話すのをやめない

　2台の車が、それぞれトップスピードで互いの車に向かって走行し、先に避けたほうが負け、というゲームがあるけど、男性にはそれの言葉版で対抗しよう。あなたがすべきは、決してひるむことなく、勢いを保ったまま「ひたすら話しつづける」こと。「間」も短く。たとえ男性が、やたらと手を振り動かそうが、声を張りあげようが、椅子に座ったままイライラと身をよじろうが、「絶対に口を閉ざさない」。必要なら、聞こえないフリをしよう。

　成功のポイントは、男性に口をはさませないようにすると同時に、あなたがその場で一番冷静であるようにふるまうこと。もうひとつは、横目でにらんでおくこと。「私の話をさえぎるな」とばかりに。

「女神のひと声」を浴びせる

　そう、邪魔男には大きな声で言えばいい。「ボブ、私はまだ発言の途中だから、もう少し時間をちょうだい」と。でも、ここでちょっと想像してみて。もし誰かが、あなたのためにひとこと言ってくれたとしたら、状況はさらにどんなによくなるだろう。仲間である女性のために、邪魔男に待ったをかけてくれる声。私たちはこれを「女神のひと声」と呼ぶ。

　というわけで、ほかの女性が素晴らしい意見を述べているときに邪魔男が割り込んできたら、援護射撃をしてあげよう。「ちょっと、ちゃんと彼女に最後まで話をさせてあげてよ」って。そんなの無理？　だったら自分の発言のついでに、ほかの女性に話を振ろう。「ネル、あなたの意見はどう？」。きっと、思っている以上の効果がある。そのうえ、あなた自身も周囲に「チームプレーができる女性」という印象をしっかりと植えつけることになるだろう。

Part 1　敵を知る

椅子に座ってふんぞり返る

ある研究で、「会議の際に椅子にふんぞり返っているのは、女性よりも男性のほうが多く、それによって、横やりを入れられる可能性が低くなる」ことがわかった[4]（この手の尊大な態度で有名だったのが、元アメリカ大統領のリンドン・B・ジョンソンだ）。

会議で自分の意見を通しやすくする方法は、ほかにもある。「部屋のすみっこ隠れていないで、堂々とテーブルにつく」「誰かを指さす」「立ちあがる」「テーブルに手を置く」「アイコンタクトをとる」……。

もひとつ、おまけ情報を。男性は往々にして、いい席を確保しようと早めにやってくる。だから今度、重要な会話や決断があるときには、あなたも早めに行って、なるべくキーパーソンに近い場所を陣取ろう。

邪魔規制ルールをつくる

もし、あなたがリーダーなら、人の話を邪魔できないルールをつくろう。誰かがしゃべったり自分を売りこんでいる間は絶対に邪魔をせず、マイクを奪おうとする者には恥知らずの烙印を押すことにするのだ。いざとなれば、小学校で使っている「トーキング・スティック」を使おう。この棒は、持っている人だけが話をし、他の人は聞く、というルールを守るためのもの。笑っちゃうかもしれないけど、グーグルで700人ものチームを率いる女性マネジャーも、これを使っているそうだ。

邪魔撲滅契約

僕 _____ は、

同僚の「邪魔をしない」よう、

全力を尽くします。

そして邪魔する代わりに、僕は以下のことをします。

_____

_____

_____

_____

_____

シーッ

_____   _____
サイン   日付

敵
実績横取り男

　我が国アメリカは、ある種の横取りから成り立っている、とも言える。白人男（コロンブス）とその船員たち（さらなる白人男たち）は、「新世界」を発見したのは自分たちだと言い張ったが、実際には新しくなどなかった（し、彼らのものでもなかった）のだから。

　オフィスでも、他人の仕事の成果を横取りする男がいる。「実績横取り男」とは、チーム全員のアイデアを自分ひとりのもののようにプレゼンし、自分のものでもないアイデアに対する賞賛を臆面もなく受け取り、ときにはまったく関与していないにもかかわらず、最終的に賞賛を独り占めにする男のことをいう。男に生まれたというただそれだけで、賞賛が約束されているとは*！

　一方、女性はどうか？　実績を横取りされることは事実によって裏づけられている。自分たちのアイデアを、自分たちのものだと正しく認められる可能性はかなり低い。このことは、何世紀にもわたる歴史が証明している（次ページ参照）。

＊　男女がともに関わっているプロジェクトの場合、同僚（や上司）は往々にして「賞賛にふさわしいのは男性」とみなす傾向がある、という研究結果が出ている。なんなの、もうっ！

歴史的に有名な「横取り」事件

モノポリー

1930年代、失業中だった男性チャールズ・ダロウが開発？冗談じゃない！実際にこのゲームを考え出したのはエリザベス・マギーだ。彼女が反独占主義者だったから、ダロウがさも自分が考案したかのように売りこんだだけだ。

コンピュータのコード

1843年、初めてプログラムのコードを書いたのは、エイダ・ラブレスだ。それなのに、その功績を認められたのは男性の協力者のほうで、ラブレスはつい最近まで、正当な評価を受けられなかった。

DNA

ロザリンド・フランクリンの研究がなければ、DNAは解明されなかっただろうし、ともに研究をしていた男性たちがノーベル賞を受賞することもなかっただろう。

核分裂

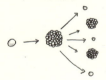

リーゼ・マイトナーと共同で研究していた男性は、彼女と一緒に執筆した論文を発表する際、勝手に彼女の名前をはずした――その結果、のちにスウェーデン王立科学アカデミーの化学賞を受賞したのは、この男性だけだった。

対策

自信たっぷりに話す

　自分のアイデアを、誰の記憶にもしっかりと残るよう自信たっぷり
に伝えれば、誰かがそれを自分の手柄にしようとするのはかなり難し
くなる。だから、堂々と発言しよう。「えーっと」とか「すみません」
はなし。赤ちゃんみたいな口調でしゃべるのもダメ。前向きな、自信
満々の言葉を使うのだ。そうすれば、あなたの発言はあなたのものだ
とみんなに示すことができる。「○○をやってみたら、どんな結果にな
るか、ちょっとわからないんですけど……」ではなく、「○○をぜひや
るべきです」と言おう。

お礼に続けて「ひとこと」を加える

　自分のアイデアを気に入ってくれた人がいたら、お礼を言うだけで
なく、これは自分のものだとすかさず念押ししよう。たとえばこんな
ふうに。「ありがとうございます、私のアイデアを採用していただいて」
「そうなんです！　それこそまさに、私が言いたかったことなんです」
「おっしゃるとおりです。ご賛同いただけて幸いです──では、次の段
階へ話を進めましょう」

　不意を突くかたちだが、自己評価を高めるのにすごく効果的な方法
だ。これくらいであなたへの心証が悪くなったりはしないから、安心
して。

　もちろん、ときには少々辛辣に、「このなかで同じ意見の方はいらっ
しゃいますか？」と言うのもいいが、お礼に加えるやり方のほうが、
たぶん角が立たない。

「意見をサポートし合う」作戦

　サポートしてくれる女性（あるいは男性）を見つけて、あなたのアイデア強化に力を貸してもらおう。これは、オバマ大統領時代に、ホワイトハウスの女性たちが実際にとった戦略だ。会議の際、自分たちの意見を聞いてもらえないと思った彼女たちは、あらかじめ互いに援護射撃をすることを約束して会議の場に臨み、お互いの意見を何度も繰り返し述べていった——もちろん、つねにその意見の最初の発言者への賞賛も忘れずに。

　このやり方なら、横やりを入れられる可能性が低くなるし、アイデアが横取りされることもない。それに、サポートする側は有能だという印象を与えらえ、サポートされた側は正当な賞賛を受けられる。うん、お見事。

「証拠メール」を送る

　素晴らしいアイデアを公にしたときは、そのあとのフォローが大切だ。証拠としてメールはきちんと残しておこう。会議終了後、あなたのアイデアを要約したものを上司にメールするだけじゃ足りない。必要な相手全員に「CC」で同報メールを送信し、この件が「記録されている」ことを知らしめるのだ。

Part 1　敵を知る

敵
雑用押しつけ男

雑用押しつけ男は、あなたが秘書ではないのが明らかでも、おかまいなしに用事をいいつける。当たり前の顔で「メモしてくれ」と頼んだり、出張の手配をCCメールで送りつけてきたり、クライアントにコーヒーをいれるよう命令してくるのだ（あなたのクライアントでもだ！）。

ときには、あなたを本当に秘書だと思いこむことさえある（ドリームワークス・アニメーションの取締役会長を務める黒人女性メロディ・ホブソンは、キッチンの手伝いだと思われたことがある）。*

私の友人アリアは、非営利団体で働いている。その彼女が最近、権威ある奨学金を獲得して、それを祝うカクテルパーティに出席したときのこと。もうひとりの受賞者である男性と一緒に、入り口でゲストに挨拶するよう言われたのだが、祝福のために差し出された手はすべて、彼女の隣の男性のほうにいってしまった。そして彼女には、なんの躊躇もなく上着が押しつけられたそうだ。それもかなりの数の人たちから。

みんな、アリアのことをクローク係と思ったのだ。

＊ TEDのスピーチでホブソンは語っている。当時上院議員を目指していたハロルド・フォードと一緒に、ニューヨークの大手メディア企業のランチに出席した際、ふたりはフロント係に「制服はどうしたんだ？」と言われた、と。

対策

皿を床に落とせ！

　デジタル戦略の専門家アミナトゥ・ソウは、男性の同僚からコーヒーをいれるよう頼まれると、丁寧にこう言う。「いれ方さえわかれば喜んで。なにしろ母がコーヒーのいれ方を頑として教えてくれなかったので、いまだにわからないんです」。あなたもこれに倣おう。たとえばコピーとりなら「何度もコピー機を壊しちゃってるんで、もう扱っちゃいけないことになってるんです」とか。

　ちなみに、シェル・シルベスタインの"How Not to Have to Dry the Dishes（お皿を拭かないですむ方法）"って詩は知ってる？　「皿を拭かなきゃならないなら／皿を床に落とすんだ――／もう二度と／皿を拭かせられずにすむだろう」。これを読んだら、この詩のタトゥーを腕に入れたくなるかもしれないね。

「ノー」とその「理由」をはっきり伝える

　組織心理学者キャサリン・オブライエンは、自分がすべきではない頼まれごとを避けるために、まず「ノー」と断る。続いて、その理由をはっきり説明する。彼女は会議のメモもとらない。そんなことをすれば、女性がますます従属物（ただ記録するだけの、自ら発言しない存在）になると確信しているからだ。

　「もう何年も言いつづけていますが、とても効果があるんですよ」とオブライエンは言う。「こうすれば、ほとんどの人が私の考えに理解を示してくれますし、それが原因でもめることもありません」

Part 1　敵を知る　53

やつらに打ち返せ

つまり、女性ばかりが押しつけられる雑用をバックハンド*で打ち返し、男性陣にもやってもらおうということだ。

「じつは今、大きなプレゼンを抱えていて、いっぱいいっぱいなんです。あっ、誰がスプレッドシートを上手につくれるかはご存じですよね。あそこにいるブラッドです。スプレッドシートの作成でブラッドの右に出る人なんていませんから」

あるいはこう。「私は今ものすごく忙しいんですけど、それでも私にコーヒーをいれてもらいたいんですか?」。場合によっては「両手が折れちゃったんですか?」という強烈なひとことも効く。

身のほどをわきまえさせる

ある女性 CEO は、議長を務めていた取締役会で、男性の同僚から「ダイエット・コークがない」と非難された。そのとき、この CEO はブチ切れる代わりに、彼に優しく言った。「次の取締役会では、その件を必ず議題に加えるわ」。相手はぐうの音も出なかった。

仕事ではボランティアをしない

ある調査によると、雑用の大半は女性に押しつけられるが、当の女性もまた、断ることなくその雑用をしている——しかも自発的に、ボランティアで。たしかに、ノーと言うのは難しいときもあるが、ひとつだけ絶対にやってはいけないことがある。それは、自分からすすんでやると申し出ることだ。

---

* このテニスの打法は、1886 年にバーサ・タウンゼントという女性が編みだした。

カフェイン至上主義を打ち砕け

1900年

オクラホマの男性が離婚を申し立てた。理由は「妻のいれるコーヒーがおいしくないから」だった。

1935年

コーヒーを「おいしくいれるための方法」が、「結婚生活を維持する」ためのアドバイスとして、『ニューヨーク・タイムズ』に掲載される。

1973年

海軍航空基地で秘書を務めていたアリス・ジョンソンが訴訟を起こした。「男性たちにコーヒーをいれるのを拒否した」ためにクビにされたからだ。

1927年

ある男が全財産1万ドルのうち、娘には50ドルしか遺さないと言った。娘が「一度だけ、父親のコーヒーをいれるのを断ったから」だそうだ。

現代

自分のコーヒーぐらい自分でいれろ

＊この数々のすごい話の出典は、尊敬するリン・ペリル著 "Swimming in the Steno Pool"。

Part 1　敵を知る　55

敵
上から目線男

　上から目線で説明する男は、あなたより自分のほうが頭がキレると思っている。そんな思いこみは、ただちに改めさせよう。

　彼らの話し方はたいてい偉そうで、こちらを見下すような感じで、ぞんざいだ。微妙なニュアンスといったものはまるでなく、ゴスペルと違って、ひたすら一本調子であなたに襲いかかってくる。

　昔から、男性は英雄然とした態度で女性にものごとを説明してきた。奴隷制度に反対した進歩的政治家ジョン・アダムズでさえ、妻のアビゲイルには上から目線で説明していたらしい[8]。

　だが今は、ありがたいことにネットがあるから、多様な情報や知識を得られる。たとえば作家のレベッカ・ソルニットは、エッセイのなかでこんなことを書いている。あるパーティで、ひとりの男性が偉そうに彼女に話しかけてきた。「君は、この新刊をぜひともチェックすべきだよ」。もしこの男性が、ソルニットにもひとこと言わせてくれていたら、その本を書いたのが他ならぬ彼女だとわかっただろう（しかもこの男性は、その本を読んでもいなかった）。

　このときのことをまとめたエッセイが "Men Explain Things to Me（男たちは私に偉そうに解説する）" で、ここから生まれたのが、「上から目線男」を意味する「マンスプレイニング」という言葉だった。

対策

偉そうに説明していいですか?
たぶん男性はいやがるけど、やってみて

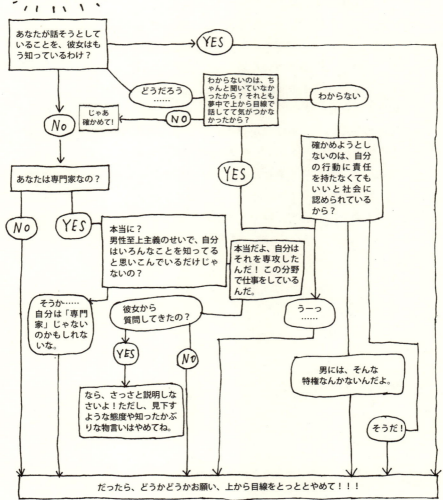

敵
模倣男

　模倣男は、たとえばあなたと同じ文芸教室にいる。彼は、あなたが
述べた詩の解釈を真似して言い換え、おいしいとこ取りをする。する
と、教授はその解釈を述べた生徒として彼のほうを認識する。あなた
ではない。

　あるいは、模倣男はあなたが言った冗談を真似し、ひねりを効かせ
て言う。すると、その冗談を最初に思いついたのは模倣男だとみんな
が思う。あなたではない。

　同僚の模倣男は、あなたが考えたレッスンプランを繰り返す。する
とどういうわけか、彼のほうが考案者だと見なされる。

　模倣男は、必ずしもあなたのアイデアを完全に盗んでいるわけでは
ない。だから横取り男ほど悪意はないかもしれないけど、単にあなた
のアイデアを繰り返すだけで、あなたが受けてしかるべき賞賛をさら
っていってしまうなんて、やっぱり許すべきじゃない。

対策

「私のものだ」と釘をさす

　いま話題にのぼっているアイデアが、もともとあなたのものだったことを、その場にいる全員に思い出させよう。たとえば「私のアイデア（提案／進言）にご意見をくださって本当に嬉しく思います」と言う。ポイントとなる言葉は「私の」だ。たしかに、私たち女性はチームプレーが好きだが、ときには「私のもの」という言葉を使いこなすことも必要だ。自分こそがそのアイデアの所有者だ、とあなた自身が認めないで、ほかの誰が認めてくれるっていうの？

対峙する

　模倣男と対峙するのを恐れてはいけない――じつのところ彼は、あなたのためにやっていると思っているかもしれない。たとえば、上司がよかれと思ってあなたのアイデアを言い直したら、言い直さなくてもいいようにもっと上手にアイデアを提示するにはどうしたらいいかと、その上司に聞いてみよう。相手が同僚なら、私を「助けよう」と思ってやってくれてるのかもしれないけど、そのせいで私が得るはずの賞賛を得られなくなるのを心配している、と率直に伝えよう。結局のところ、得るべき人が賞賛を得ることは、あなたのプラスになるだけでなく、賞賛してくれる人のためでもある。遠慮はいらない。

模倣し返す

　ところどころ言葉を変えて、さあ、ゲームを始めよう。

　あなた「第1四半期の業績を踏まえると、さらなる資金をマーケティングに投入することが重要じゃないかな」

　同僚「いいか、ボブ――第1四半期、マーケティングはとてもよくやったんだ。我々としては、そこにもっと金をつぎこむべきだな」

Part 1　敵を知る　　59

あなた「そうそう。私が3秒前に言ったみたいに、マーケティングの予算を増やすのは理にかなってるわね」

同僚「○＃△♪×＆％。僕としては、予算を倍にすべきだと思うよ」

あなた「私の意見に賛成してくれて嬉しいわ。じゃあ、ここにいる全員の合意を得たということで、私が最初に提案させてもらったとおりに進めて、マーケティングチームには予算を増やすつもりだって話をするね」

仲間を増やす

女性が「最初から」話を確実に聞いてもらうには、その場にいる女性の人数を増やすのもひとつの方法だ。そうすれば、発言もしやすくなるし、自分たちの発言にさらなる影響力も付加できる[9]。

最初は少人数でいい。ほかの女性の味方になり、そのアイデアを支持しよう。

発言の誓い

率直発言大会

私 _____ は、会議の際や、アイデアを売りこむときには、たとえ周囲から煙たがられても、とんでもなく大きな声で発言することをここに誓います。なぜなら、ある調査によれば、女性というだけで、最初から話を聞いてもらえる可能性が低くなるからです。

　また、自分の伝えたいことをよりしっかりと相手の記憶に残すため、私 _____ は、ゆっくり、明確に話すことをここに誓います。必要とあらば立ちあがり、自分の話を最も聞いてもらいたい人としっかりアイコンタクトをとります。こうしてもなお、わざと私の発言を繰り返す輩(やから)を阻止することはできないかもしれませんが、少なくとも、そういう輩のおかげで、私の発言内容には耳を傾けてもらえるでしょう。

_____
サイン

敵
月経毛嫌い男

いまでも覚えていますが、エンジニアたちは、1週間のフライト用にタンポンをどれくらい用意すればいいのか決めかねていました。そして聞いてきたのです。「100個でどうだろう？」。いいえ、そんなにはいりません。
──サリー・ライド
（アメリカ人女性初の宇宙飛行士）

　月経毛嫌い男は、女性が直談判しにくるときはいつでも「生理中」に決まっていると思いこむ。彼らは、状況がひっ迫しているわけでもないのに彼女がわめいているのは、きっと今朝、生理痛の薬を飲み忘れてきたからに違いないと早合点する。

　その典型が、メーガン・ケリーに対するドナルド・トランプの態度だ。FOXニュースのアンカーであるケリーが、トランプの女性に対する言葉の攻撃について果敢に質問した際、彼は「（彼女は）どこかから血が出ているに違いない」と示唆した。

　この手の月経毛嫌い男は、有人宇宙飛行が始まった1960年代から暴言を吐いている。当時NASAでは、月経が公の議題にのぼっていたが、冒頭に引用した男は、要するに月経があるから女性は宇宙飛行士になるべきではないと言っているのだ。現代にもこのタイプはもちろんいるわけで、たいていは感じのいい同僚の顔で現れる。そして会議（あなたが何かに対して不満を表明した会議）のあとでやってきて、こう聞くのだ。「大丈夫？　ずいぶんイライラしてたみたいだけど」

対策

相手の血が出るほど言い返す

月経毛嫌い男には、きっぱり言ってやろう。「いいえ、私は生理中じゃない。でもあなたの売り上げ報告書を見ると、うちの会社から1滴残らず血が流れ出そうね」。「えっ？　よくわからない。あなたの言う月のものっていうのは、私が毎月あなたの勤務評定をする日のこと？」

冷静に仕事を続ける

キーボードをぶっ叩いたり、受話器を投げつけたり、怒鳴りちらしたりしておきながら尊敬を勝ち得る男を、あなたは何度、目にしてきたことだろう——同じことを女性がやれば、頭がおかしくなったとみなされるのに。不公平だけど、それが現実だ。男性が怒りをあらわにすると「情熱がある」と思われるが、女性がやれば地位を失う。

だから、深呼吸して、つねに落ち着いた口調でゆっくり話そう。怒りはもっともだけど、それを自分が有利になる方向へ誘導しよう。男性に「ほらね」などと言われないように。

「理由」を強調する

男性が怒っているのは「怒っている」からだけど、女性は「ホルモン」のせいにされる。こんなダブルスタンダードにうまく対処する方法がある。"What Works for Women at Work（働く女性にとって何が有効か）"の著者ジョーン・C・ウィリアムズいわく、「イライラしている理由を強調しなさい[11]」。たとえばこんなふうに。「私が怒っているように見えるなら、それは実際に怒っているからです。そして私が怒っているのは、あなたが（チームの目標をここに入れる）を台なしにしたからです」。これなら、あなたが「女性特有のヒステリー」を起こしているのではなく、正当な理由があるとわかってもらえるだろう。

Part 1　敵を知る

彼女は月経中？

あなたは
彼女のタンポンなの？

↓

違う？

だったら
余計なお世話

これって、彼女が生理中ってこと？

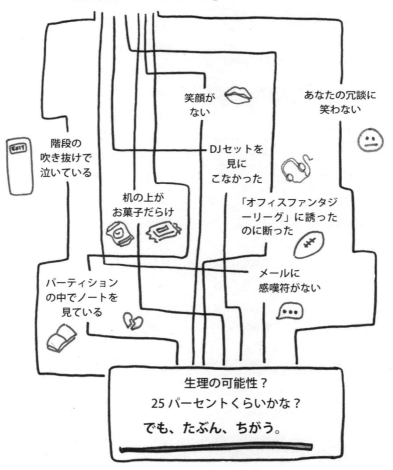

敵
母親見下し男

これは、あなたのチームにいる「子を持つ女性を役に立たない存在とみなし、まともに取り合おうとしない」男のことだ。

研究によると、子どものいる女性のほうが、いない女性よりはるかに上昇志向があるというのだが、こうした事実を、母親見下し男は知らない（あるいは気にもかけていない）。なぜなら、彼らは「母親は仕事に関心がない」と決めつけているから（とんでもない誤解だ。子を持つ女性は、家族にも仕事にも強い関心をもって臨んでいる）。しかも大半の母親見下し男（ちなみにこれは女性がなる場合もある）は、自分がこうした決めつけをしていることを自覚すらしていない。

残念ながら、これが現実のあらゆる職場で見られることは、各種のデータからも明らかだ。たとえば、子どもがいる女性の求職者は、同等の能力を有する子どものいない女性に比べて、採用率が44パーセントも低い。さらに、履歴書にたった3文字「PTA」と書くだけで、採用率が79パーセントも低くなる恐れがある[12]。昇進の可能性は半分、給料も平均1万1000ドル引かれている。それでいて、時間厳守に関しては、ほかの人より厳しく求められるのだ。

さらに、これが黒人やラテンアメリカ系の女性になると、条件はもっと悪くなる。女性で有色人種という二重の問題を抱えた彼女たちが一家の稼ぎ頭であることはよくあるのに、だ[13]。

対策

👊 決して遠慮しない

　ニュース速報：母親は財産だ。研究によれば、子どものいる女性の
ほうが、そうでない女性よりはるかに多くの利益を生み出している[14]。
しかも、子どもの数が多ければ多いほど、もたらす利益も多くなると
いう（嘘じゃないよ！）。また、昇進への意欲も、子どものいる女性の
ほうが高いらしい。だから、もしあなたが母親でも遠慮はいらない。
上層部からの覚えがめでたくなるよう努力しよう。

👊 仕事に専心する

　些細なことなどどこ吹く風、という態度をはっきり示して、母親見
下し男など気にせず、仕事に専心しよう。妊娠したら、産休が明けた
あとの復帰プランを明確にし、今後もずっと向上心あふれる従業員で
いることをはっきりと伝えておこう。ある調査によると、子どもを抱
えた夫婦がエンジニアの仕事を求める場合、「仕事に身を捧げる」とひ
とこと加えるだけで[15]、採用率はぐんと高くなったそうだ。それくらい
なら、苦もなく声に出して言えるのでは？

👊 フレックスタイムの導入を検討する

　調査によれば、フレックスタイムを増やして自主性を尊重すると、
昔ながらの9時〜5時勤務形態に比べて、従業員の生産性[16]（と幸福度）
は実質的にアップするという。これは間違いなく、子どもを持つ共働
き夫婦にもプラスになる。あなたが責任ある立場なら、子どものいる
女性が働きやすい方針を提唱し、育児休暇導入のために戦い、男女と
もにそれを取得するよう勧めよう。すべての親が育児休暇を取るなら、
これはもう「女性の」問題ではない。

Part 1　敵を知る　67

今日は授乳できる？
ワーキングマザーのフローチャート

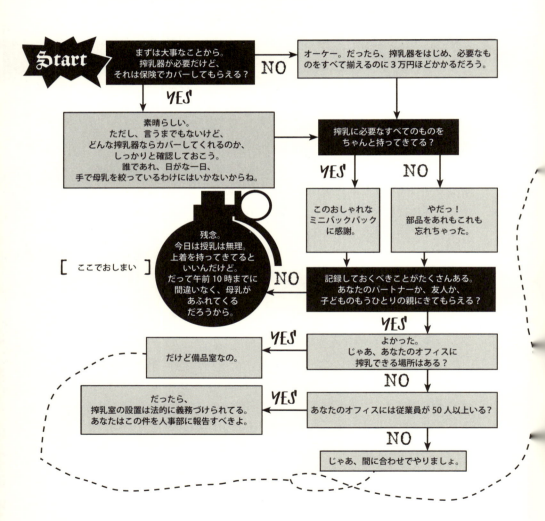

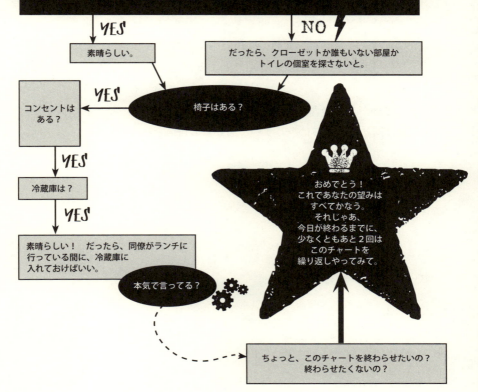

Part 1 敵を知る

敵
じわじわ骨抜き男

この手の輩は、じわじわとあなたの忍耐力と評価を奪っていく。それも、あなたの性別や人種、あるいは年齢を槍玉にあげて。

彼らは、横やりを入れないようあなたが丁寧に頼んでも、おどけた態度を返してごまかす（「イヤイヤ、そんなに神経質にならなくても！」）。幼子を抱えた同僚が会議に遅れてきたり、電話が長引いてしまったときには「どれだけ休憩時間をとっているんだかねえ」と聞こえよがしに言う。それから、大勢の同僚たちの前で「ペーペー」だの「おい」だの「お嬢さん」だのと呼んでもまったく問題ないと思っている節もある。

悪意があるのか無意識なのかはわからないけど、どっちにしても結果は同じだ。彼らは少しずつ、あなたの自信を蝕んでいく。

対策

耳栓をする

　一度や二度なら無視する。あなたが反応するまでちょっかいを出しつづける男の子と同じで、じわじわ骨抜き男たちも、あなたの反応を待っている。だから、喜ばせないようにしよう。

相手の考えを読む

　じわじわ骨抜き男の言動が何に起因しているのかがわかれば、こちらに有利な反応をするのも簡単になる。彼はあなたが主導権を握っていることに嫉妬しているのか？　あるいは悪気はないのか？　状況に応じて態度を変えよう。

立ち向かう

　相手が上司や同僚なら、あなたのためを思って言っているのかもしれない。そこで、次のように言ってみよう。「私はこのチームで一生懸命に頑張っているのに、あなたが私を『お嬢さん』って呼ぶたびに、チームの士気が下がっていきそうで心配なんです」。あるいは、ストレートにこう言う手もある。「あなたに『ハニー』呼ばわりされるたびに、私は言いたいことも言えなくなる。やめてちょうだい」

「骨抜き女」になる

　相手が単なる嫌がらせでからかっているだけなら（そして、骨抜き男を骨抜きにしてもあなたに被害がおよばないなら）、礼儀などかなぐり捨てて言い返してやろう。たとえば「あなたの言う『お嬢さん』て、『管理職の女性』のことでしょ。最近は女性のリーダーのことをそういうふうに呼ぶんだね」とかはどう？

Part 1　敵を知る

敵
社交クラブの長

　エレン・パオがかつて勤めた（そしてのちに訴えた）シリコンバレーの投資会社クライナー・パーキンス。そこにパートナーとしてやってきたのが、まさに男性社交クラブの長だった。

　この男は、全社を挙げてのスキー旅行と、のちに副大統領になったアル・ゴアとのディナーを計画したが、女性は排除し、ディナーも男性だけで楽しんだ。彼いわく、女性は「うるさくて疲れる」から。

　リーダーの立場にあるすべての男性がここまであからさまなわけではないが、とんでもなく無知な輩は大勢いる。「カンファレンスで6人の従業員のためにディナーを計画しておきながら、女性の参加者ひとりだけ招待し忘れる」「仕事が終わってから、チームの同僚たちとバーに繰り出すものの、チーム内にただ1人の女性にはあえて声をかけない」……。

　社交的な催しの目的は、絆を深め、チームをまとめ、いい雰囲気をつくることなのに、男性社交クラブの長は、結局その反対のことをしている。つまり、疎外感を抱かせているのだ（おまけに、面と向かって話ができる貴重な時間も奪っている）。

会社のイベントカレンダー

MON	TUE	WED	THU
午前10時 ミーティング	午前10時 ミーティング	午前10時 朝食	午前10時 ミーティング
午後1時 ランチ	午後2時 ~~スカッシュ~~ ノート検査	午前11時 ミーティング	午後1時 昼寝
午後4時 ~~ビール・ポン~~ 定期セミナー		午後7時 ~~ストリップクラブ~~ ベジタリアン クッキングクラス	♡

＊ビール・ポン：敵にいかにビールを飲ませるかを競うゲーム。

対策

イベント係を買って出る

次回の会社のイベントカレンダーを見てみよう（そんなものがあればだけど）。もしも、射撃練習場へのツアーみたいな、まったく女性向きじゃないイベントがあったら、直接アプローチしてみよう。「次のイベントは○○○○なんてどうかなあ。これだったら、もっとたくさん女性も参加すると思うけど」。あるいはもう少し遠まわしに言ってみよう。「うわあっ！　ねえ、この素敵な○○○○を見て。次のオフ会は絶対これにすべきじゃない？」

念のために、言わずもがなのアドバイスをひとこと。もしあなたが、社員のほとんどが男性で、しかも女性差別で訴えられるような会社で働いているなら、男性社交クラブ的なパーティを開くのは超危険だよ（応援してる　(^_-)-☆）。

この際、参戦する

勇気を奮い起こしてパーティに押しかけよう。フィラデルフィアの弁護士サラ（39歳）はあるとき、事務所の男性パートナーが全員で、オンラインゲームのファンシー・フットボール・チームに参加し、その話題で盛りあがっているのを見て、自分も参加することにした。サラは招待されていなかったけど、気にせずに。そして猛然と同僚たちの跡を追っていった。

「みんなからは、どうかしてるんじゃないかって目で見られたけど、誰からも来るなとは言われなかったわよ」とサラ。

頑張っただけの価値はあった。彼女は上司たちとじかに話せる貴重な時間を手に入れた。

おまけに、ゲームでも勝利を手にした。

アフター5を見直す

　仕事に精を出すのは素晴らしいけど、人間関係もあなどってはいけない。いい例を挙げよう。大学3年生のアディーナが、夏の間インターンとして投資会社で働いていたときのこと。彼女は毎晩のように遅くまで残って仕事をしていたけれど、インターン仲間の男子学生はパートナーたちと飲みに行っていた。彼女が夜遅く誰もいないオフィスでひとりで働いている間、彼はパートナーたちと交流を深めていたってわけ。

　もちろん、男ばかりで盛りあがっているような場所には行きたくないかもしれない。そもそもお酒が苦手かもしれない。でもそれなら、女友だちを連れていけばいいし、ライム入りの炭酸水を注文すればいい。この手の集まりに女性がもっと顔を出すようになれば、彼らも男だけでつるむことが減っていくんじゃない？

仲間と出かける

　あなたも仲間と出かけよう。男性たちが昼休みのスカッシュに出かけるなら、あなたも女性の同僚と〇〇〇（ここは自分で埋めてね）で楽しい時間をすごせばいい。そのうち男性陣も、参加させてくれと言ってくるかもしれない。

　言ってこなければ、こちらから誘おう！　男同士でつるむより、女性と一緒にすごすほうが好きな男性は少なくないんだから。

Part 1　敵を知る

敵
セクハラ男

　時計のように正確に、その上司は私のデスクにやってきた。そして、いろいろな理由をつけては、私とおしゃべりをする。政治のこと、天気のこと、スポーツのこと。もっとも私の知るかぎり、一番の目的はさりげなく私のシャツのなかを覗きこむことだ。おそらく、男性の同僚相手にそれをネタにひとしきり盛りあがる……。

　この上司は一線を超えていただろうか？　もちろん、肉体的な意味ではノーだ。でも、私は不愉快このうえなかった。とはいえ、突っぱねたら（上司がデスクまわりを徘徊するたびに、にこやかに会話につき合うのをやめたら）、自分のキャリアにマイナスになるのではないかと気が気ではなかった。

　幸い、私は運がよかった。その上司がクビになったから。けれど、そんな幸運からほど遠い女性はたくさんいる。2015 年に行なわれた調査では、女性の 3 人に 1 人が職場でセクハラにあっていて、そのうちの 38 パーセントが男性上司からのセクハラだという。問題は、セクハラを「証明する」のがものすごく難しいということ。だからこそ、多くの女性（前述した調査の場合は 70 パーセント）が、被害にあっても報告しない道を選んでいるのだ。

　だが、こうした状況も変わりつつある。その一助となってくれているのが、グレッチェン・カールソンのような勇敢な女性たちだ。FOX ニュースのアンカーだったカールソンは、長いあいだ受けてきたセクハラ被害を申し立て、同社の独裁者ロジャー・エイルズをその地位から引きずり下ろした。その後、これに力を得たほかの 6 人の女性たちも声をあげた。

　さて、あなたはセクハラを受けたらどうする？

76

対策

法律を知っておく

　アメリカの機会均等雇用委員会（EEOC）が定義する「職場でのセクハラ」とは、不愉快な性的誘惑あるいは相手の仕事を阻害する性的言動をいう。そのパターンは2つ。「代償的セクハラ」（仕事がほしいならおとなしく言うことをきけと言われたり、言うことをきかないと脅される）と、「有害環境型セクハラ」（女性は劣っているといった言葉や、性的な言葉からなるセクハラで、そういう言葉を投げつけることで、相手にとって有害な環境をつくっていく）だ。カールソンに対するセクハラは、このふたつを組み合わせたものだった。

すべてを記録する

　グレッチェン・カールソンがロジャー・エイルズに強力に対抗できたのは、彼女がすべてを記録していたからでもある。1年半もの間、彼女はこの会長との電話でのミーティングをすべて録音していた。あなたもセクハラを受けていると思うなら、あらゆる不適切なやりとりを全部記録しておくこと。日時や、どういう状況だったかも忘れずに。ちなみに、記録するなら録音がいい。絶対に。それから、仕事で使っているパソコンには記録を残さないこと。信用できる相手がいるなら、その人たちに、どんな目にあっているかを「口頭で」伝えよう。こうしておけば、いざ問題を公にしようとしたときに、あなたの話を裏づけてくれる第三者の存在を確保できるだろう。

同僚の女性に話す

　その男があなたにセクハラをしているなら、たぶん他の女性にもしている。数が多ければ、いつだって大きな力になる——それに安全だ。

Part 1　敵を知る

社内のしかるべき人に報告する

　最高裁判所は「訴訟を起こす前にまず、セクハラを報告することが必要」だと言っている。これは、「雇用主に状況改善の機会を与える」という考えからだ。ただ、そのセクハラ男が上司だったら、報告するのは大変だ。だからまずは、この人になら話せるという人を探そう。人事部があればそこに相談を。なければ、信頼できる人のなかで最も上層部にいる人間に話してみよう。数多の証拠のひとつとして記録物を用意しておけば、相手をより追いつめられる。それでもまだ、会社が何の手も打ってくればければ、そのときは当人に責任を負ってもらうまでだ。

公的機関に訴える

　状況によっては、最後に被害を受けた日から一定期間内に公的機関に訴えよう。こうすれば、報復から身を守るのにも役立つ。ことを公にしたら、すぐに職場から離れたくなるかもしれないけど、手順をすべて踏んでいれば、そんなふうにあなたが辞める必要はない。

現実をよく見る

　女性を信じる——これはもう、ものすごく当たり前のことだけど、膨大な数の報告（と年月）がないとなかなかできないのも現実だ。そう、人は、告発する側の人間を信用しないことがままある。今度、不適切な言動を見聞きしたら、このことを思い出して行動してほしい。それと、もうひとつ忘れないでほしいのはこれ。「セクハラ問題の大半は、じつは性的うんぬんではまったくなくて、パワハラ、つまり相手が権力にものを言わせているのだ」

敵
サボリ男

ジョージは 25 歳、身長約 190 センチ。おしゃれともボサボサともつかない髪型は、「ちょっと、切るか伸ばすか、どっちかにしてちょうだいっ」と叫びたくなる（おいしいもののことはとにかくよく知っていて、いろいろ教えてくれるけど）。

もっと問題なのは、遅刻常習犯で、いつも明らかに酔ってるってこと。出勤後は、およそ 6 時間かけて、エクセルのスプレッドシートにほんのわずかな情報を入力し、入念にランチの計画を練っている。そして午後 3 時ごろ、何食わぬ顔でオフィスから出て行く。どこへ行くのか誰も知らないし、上司たちもそのことに気づいてもいないが、準社員たちはひとり残らず、彼が戻ってくる時間を記録していた。

要は、サボリ男だった。少しも会社に貢献していないのに咎められることがなく、どういうわけか仕事にあぶれることもなく、昇進までしていた（私たちは陰で「かすめ取る」という意味で「抄進」と言っていた）。

サボリ男にもさまざまなタイプがいるが、根拠のない自信を糧に、どんどんのさばっていく点は共通している。その原因は、私たちの多くが、「能力」（本当に仕事ができること）と「自信」（仕事ができるフリをすること）をきちんと見分けられない点にある。

こうした輩は自分の仕事を過大評価する傾向にある（対して女性は過小評価する）、という事実も忘れてはならない。かくして彼らは、暇をもてあそぶだけで見事な虚像をつくりあげ、私たちは、そんな男が出世していくのをただ黙って見ているだけになるのだ。

Part 1　敵を知る　79

対策

真偽を確かめる

　怒りを爆発させる前に、まずは真偽を確かめよう。あなたがサボリとみなしていることが、じつは超絶的に効率よく仕事をしている結果かもしれないから。意外だが可能性はある。そのサボリ男をしっかりと観察して真実を突きとめよう。

　そして、もし本当に自分の仕事をすべて片づけたうえで、勤務時間中にオンラインゲームを何度もやっているなら、彼の仕事のやり方をいくつか真似させてもらおう。

サボリ男の尻ぬぐいをしない

　告げ口をしろとは言わないが、サボリ男は誰も何も言わないからこそ、仕事もしないで出て行くのだということは思い出してほしい。サボリ男に仕事を押しつけられそうになったら（この手の男は、自分がやりたくない仕事を押しつけるのがとにかくうまい）、うっかりその手に引っかからないこと。上司がサボリ男を探しにきたとき、本当は奥でマリファナを吸っているのを知っているなら、「さあ、ランチに行ったんじゃないですか」などと言わないこと。

　サボリ男が最もあてにしているのが、言いなりになる同僚だってことは絶対に忘れちゃいけない。

暇をつぶしてやる

　もしこの手の男と仕事をしなければならず、彼に欠点を補う長所が多少はあるなら、もっと効率よく仕事をさせるシステムがつくれないかを検討してみよう。もしかしたら、短いスパンの締め切りを途切れることなく設定すれば、サボリ男も働くのかもしれない。あるいは、単に忘れっぽいだけなのかも。まずは、この男から目を離さず、仕事

中は定期的に状況を報告するよう頼むことから始めよう。

上司にうまく報告する

　サボリ男が、あなたの仕事にどの程度影響をおよぼしているか（そもそもおよぼしているのかどうか）をはっきりさせよう。イライラさせられるだけなら、こんな男のことは無視しよう——あなたには、まっとうな賃金獲得のためのもっと大変な戦いがあるのだから。だけど、もし、彼のせいで「あなたの」仕事に支障をきたしているなら、（彼かあなたの上司に）話してみよう。

　ただし、上司に話すのは、きちんと準備をしてからにすること。サボリ男のよろしくない行為を記録したもの、つまり推測ではなく確固たる証拠が必要だ。それに、数の力も欠かせない。ひとりでこっそり話しにいくのは告げ口にすぎないが、大勢の人が効率の悪さを指摘すれば、それは会社の利益を守る行為になる。

Part 1　敵を知る

スポーツ用語クイズ
オフィスのスポーツ選手をインターセプトする

　何かというとすぐにスポーツにたとえる「オフィスのスポーツ選手」は、あなたが「スラムダンク」を披露すれば褒めてくれる。チームの面々には、「途切れることなく動く」ことに集中するよう指示し、「きっかけを作る」ための戦略を提示する。オフィスのスポーツ選手の代表といえば、最高裁判事になったときのジョン・ロバーツだ。彼は自身の指名聴聞会の際、以下のように宣誓している。「私の仕事はストライクかボールを判定することであり、打ったり投げたりすることではない」。バラク・オバマもそうだった。外交政策の指針を話すよう言われたとき、彼はこう答えた。「シングルヒットになるかもしれないし、二塁打になるかもしれない。たまにはホームランを打てるかもしれない」
　もちろん女性の場合もある。スポーツが好きなのは男性だけだ、などという誤解を与えないようにしよう（実際、スポーツは女性のリーダー育成に大いに役立つ[19]）。けれど女性は、スポーツの専門用語を使われると疎外感を感じがちだ。これは男性にはないこと。というわけで、この機会に勉強してみてはどうだろう。
　私たちがFFCのカードを適切に使えば、いたるところにいる女性上司はすぐに、オフィスのスポーツ選手を適材適所に配置できるはずだ。ペナルティボックスとかにね(#^.^#)。でもその前に、まずは以下のクイズをやってみよう。男性陣の得意分野でも打ち負かせる一助になるだろう。

オフィスで使われる次のスポーツ用語の正しい定義を選ぼう。

1. ブロックアンドタックル
A. あなたのオフィスや作業スペースに入ろうとする相手を、体を張って阻止すること
B. あなたが怪しいウェブサイトに入ろうとすると、あなたの会社のファイアウォールにブロックされること
C. 日々低レベルのスタッフを管理すること

2. 働くゴールポスト
A. 相手が椅子に座ろうとしているときに、その椅子をさっと後ろに引くこと
B. プロジェクトで決められていたゴールを、プロジェクトが始動してから変えること
C. 休暇中の人のデスクを移動すること

3. スラムダンク
A. コーヒーの入ったカップのなかにペンを落とすときのこと
B. オフィスで即興で行なう詩の朗読会
C. 誰も異を唱えられないほど明らかに素晴らしくて簡単なこと

4. オーディブルコール（オフェンスの作戦変更）
A. ＩＴ部門に連絡して、プレゼンの際パソコンをプロジェクターにつなげてもらうこと
B. 土壇場での計画変更
C. 職場の電話から有料ダイヤルにかけること

5. ティーアップ（ボールをティーにのせる）
A. カジュアルフライデーに全員が必ず揃いのＴシャツを着るようにすること
B. 誰かに紅茶は好きかと聞かれ、「はい」と返事をしたいときのこと
C. 他の人が問題なく引き継げるよう、準備をすること

6. ポールポジション
A. 競合他社に対して極力最良の位置に立つこと
B. 誰かが休日のパーティで飲みすぎ、ダンスフロアで羽目をはずすこと
C. 消防署のポールに一番近い席またはオフィス

7. ヘイルメアリー（神頼み）
A. 成功の見こみがごくわずかしかないことに対して、最後に挑むこと
B. 深夜まで飲んだあと、朝を乗り切るために飲むもの
C. チームミーティングの前に、みんなで祈ること

答え

1. = C **2.** = B **3.** = C

4. = B **5.** = C **6.** = A **7.** = A

Part 1　敵を知る

Part **2**

自分を
知る

自分で自分を
ダメにする女性について

「自分は〇〇〇が得意だ」と自信を持って言えない。どうしても自分の実力を疑ってしまう——私の場合、学生時代には全然そんなことはなかったのに、最初の仕事に就いて半年たったころから、そういう思いがじわじわと忍びこんできて、しまいには、いつも頭の片隅でささやくようになってきた。このままでは、疑いに心を支配されてしまいそうだった。

　最初にそれが芽生えたのは、同じインターンクラスの男性陣が、正社員として執筆を任されるようになったのを見たときだ。私のほうは依然としてパートタイムの期間限定社員で、週末は、上司である編集者の子どものお守りをし、夜は夜で、バーでバイトをしていた。

　その後、私も正社員として採用され、本業一本に落ち着き、くだんの男性陣をしのぐようにもなった。が、それでも疑いが消えることはなかった。「あなた、本当にいい仕事してる？」

　疑いがぬぐえないせいで、会議になると、言葉につまったり、バカみたいな発言をした。せめて、見た目だけでも自分が役に立っているとわかるよう、すすんでお茶汲みをしたり、メモをとったりもした。

　それでも、私は運がよかったのだろう。疑いを抱えているのが「自分だけではない」と知ることができたのだから。すべてはFFCの仲間のおかげだ。

　ある日、快活なテレビ脚本家シャウナが、初めて書いたパイロット版の脚本を局に提出したときのことを話してくれた。局側はとても気に入ってくれたが、「視聴者のために、もう少し男性を増やしてくれるといいんだが」と彼女に言った。それが唯一の問題だ、と（主役は女性だった）。

　シャウナはショックのあまり言葉を失った。いつものような気のきいた反論も出てこなかった。もしかして冗談？　とも思ったが、そう

ではないことがはっきりすると、丁寧に礼を言って辞した。以来数ヶ月、どうして自分の大事な脚本のためにあのときもっと戦わなかったのかと、ずっと自分に腹を立てている、とシャウナは言った。

　ほかの女性たちも、それぞれの「疑い」を抱えていた。非営利団体の研究助手アマンダは、勤務評定の面接で素晴らしい仕事をしたと褒められた。ことによると昇給もあるかも。ところが、そう思った次の瞬間、自分から上司の言葉をさえぎって、その希望を打ち砕いてしまった。「ボスに喜んでいただけるなら、私はもうそれだけで十分です」（まあ、本心ではあったけど）。

　お笑い芸人のネルも、つい最近、ステージが終わったあと、尊敬するコメディアンから褒められて落ち着かなくなったと言った。

　別の女性アリシアも、長い髪をバッサリ切ってボブにしようか（あるいは毎日、ピンを使って後ろでまとめようか）迷っていると冗談めかして言った。会議で発言する際、指に髪をくるくる絡める癖があるのをすごく気にしているからだった。

　私たちはみんな、なぜ、自分の考えを自信を持ってはっきりと口にしたり、褒め言葉を素直に受け入れたり、一身に注目を集めて堂々としていることができなかったのだろう。FFCには「好きなだけ不満をぶちまけていいが、自慢もすること」というルールがあった。自慢のネタがなければ、誰かほかの人を褒めてもよかった。

　なのに、実際にやっていたのは自慢の対極だった。まるで、わびしさを抱えた女性たちの集うセラピーセッション。気分も滅入るし、自分で自分をダメにしてしまう、フェミニストとは名ばかりの集まりだった。

Part 2　自分を知る

1963 年に、フェミニストのベティ・フリーダンが書いた『新しい女性の創造』（大和書房）には、同時代の女性たちの多くが経験しながら、誰一人として公にしなかった気持ちが述べられている。それは不安、むなしさ、そして物足りなさ、だった。

彼女たちには、夫も子どももいて、郊外の住宅も最新式の食洗機もあった（女性が望みうるすべてを手にしていた！）。にもかかわらず、そうした思いはぬぐえなかった。

それは主として上流中産階級の白人女性が抱える問題で、当時のほかの多くの女性は、むなしさなどという贅沢な悩みを持つことすらできなかったという限界はあるものの、変革への一歩が芽生えたのも事実だった。フリーダンはそれを、「名前のない問題」と称した。

そして今日。女性たちに「むなしさ」はなくなった——キャリアを手にすることを許されているから。けれど今度は、「自分の存在意義を見出せない」という思いが生じるようになった。

その思いは、あるとき、少しずつ自信を失わせるような、自分の能力を疑う小さな声になって現れる。

たとえば、昇進しても「自分はこの地位にふさわしくない」とか「時期尚早だ」とか「何もかも台なしにしそうだ」と思ってしまう。些細なミスひとつで「自分はこの仕事から手を引くべきかも」とか「向いていないんだ」と決めつけてしまったり。

あるいは、本当はノーと言いたいのに、ついイエスと言ってしまう。寡黙で勤勉な態度が評価されると信じて、うつむいたまま、ひたむきに仕事をする……。

どうして、こんなジレンマに陥るのだろう。

それはたぶん、何世紀にもわたって、「女性はより弱い性」とみなされ、社会に属していないと言われつづけてきた結果なのだ。そうした思いが私たち女性の精神にも、それこそ骨の髄まで染みこんでしまっているのだろう。

だから私たちは混乱する。一方では、「全力でぶつかれば何でもでき

Part 2　自分を知る　89

る！」と言われるのに、もう一方では、それが必ずしも本当ではない現実に気づかされ、さらに他方ではプレッシャーを感じているのだ——自分たちの前の世代の女性たちが築いてくれた土台の上に、それなりのものを残さなければ、と。

　しかもそれは、そつなく、完璧に、努力の跡を一切見せずにやり遂げる必要がある。なぜなら、私たち女性のミスは、同じ立場の男性のミスよりも問題視されやすく、あとあとまで指摘されることを知っているから。*

　だけど、私たちが本当に肝に銘じなくちゃいけないのは、そういうことじゃない。

　大切なのは、「自分で自分の足を引っ張ることは誰にでもある（男性でも）」と認識することだ。そして、失敗したと気づいたら、そこから目をそらさないことだ。

　そうすれば、すぐに次善の策を講じられる——それに、自分で自分を落ち着かせることもできる。

―――――――――――

＊　事実だ。

困り者
オフィスママ

　感謝祭のときに寄付される食べ物の取りまとめ、会社の指導プログラムの作成、社内の休日パーティの計画……やるべき仕事を山ほど抱えているのに、さらにこうした用事を率先して引き受ける女性がいる（ときには休憩室のキッチンを掃除している姿まで目にする）。それが「オフィスママ」だ。あなたも会ったことがあるんじゃない？

　数々の調査が証明しているとおり、女性はいわゆる「オフィスの家事」を不当にたくさん割り振られていながら、その功績はまず認められない[1]。なかでも顕著なのが黒人とラテン系の女性で、彼女たちは男性の同僚から、会議の準備や書類仕事といった細かい雑用をするようひんぱんに強いられている[2]。

　オフィスママが困るのは、こうした仕事を意に介さないから。でも、もっと問題なのは「女性は、いくら雑用を引き受けても見返りがない」という事実だ。これは絶対に見過ごすべきじゃない[*]。

　だって、女性と同じだけの「オフィスの家事」をこなす男性は、昇進や重要なプロジェクト、昇給、ボーナスの対象者として推奨される率がずっと高いのだから[3]。

＊　ニューヨーク大学によって行なわれた調査の結果、残業を申し出た男性は、同様の申し出をした女性に比べて 14 パーセントも好意的に評価されていた。しかも、男女ともに手伝いを断ったときは、そのせいで給料を差し引かれたのは女性だけで、男性に比べて信用度も 12 パーセント低くなった。

Part 2　自分を知る

対策

「言いなり」はやめる

「ママみたいな」仕事はできるだけ避けよう。記録をとったり、メールを出したり、ランチのオーダーをまとめたり、パーティの計画を立てたり、ほかにも……男性なら頼まれないだろうと思うことはなんでもだ。

いつもこの手の仕事を振られている気がするなら、そしてあなたにそれなりの力があるなら、こういう仕事はほかの人たちに任せるべきだ。そんな力はない？　だったら、ほかの人に手助けを頼もう（あるいは仕事を頼んでくる人に、自分は今やるべきことを抱えているので、「男性に」手助けを頼んでいいかと聞いてみよう）。

そして、そのときの状況によって、ノーと言ったり、何かしらの対価を求めたりすればいい。

あなたがボランティアのように行動すれば、おそらくますますそのように扱われるだけ。これはよく覚えておいて。

記録してみる

雑用をどれだけ頑張ったところで、あなたが報われることはない（少なくともあなたの上司は、あなたを昇進させるに値する人物とはみなさない）。

というわけで、この手の仕事に費やす時間をすべて記録することをお勧めする。たとえ使う必要がまるっきりなくても、きちんと形にして残しておけば、いざというときに正確に説明できる——どのくらいの時間をこうした仕事に費やしているか、そして、その仕事が会社に利するところはあっても、あなたのキャリアに利するところはないってことを。

「見えるところ」でやる

調査でも明らかなように、男性が手伝いを申し出るときは、「公の場」ですることが多いのに（もちろん、手伝うことを確実にみんなに知らしめるためだ）、女性は目立たないようひっそりと手伝う。[4]

あなたがしている仕事は、たとえどんなに小さなものでも、必ず見るべき人の目にとまるようにしよう（言い換えるなら、「木を森に隠す」ような罠にはまらないこと）。

これからは、自分のシフト終了後にナプキンをたたんだり、早朝会議のためにコピーをとったりするときには、必ず人のたくさんいる場所でする。そしてみんなに、あなたが時間外労働をしていることを認識してもらうのだ。

ついでに、女性の同僚が本来の仕事以上のことをしているのに気づいたら、大きな声で彼女を褒め、彼女がその功績を認めてもらえるよう力を貸してあげよう。

交代制にする

手伝いは交代制に。そうすれば、あなただけが大量の「ママの」雑用に縛られずにすむ。順番は、スプレッドシートや共有カレンダーで管理するのでもいいし、くじ引きで決めるのでもいい。あなたにそれなりの力があるなら、ぜひ、そういうシステムを率先して構築してほしい。力がなくても、平等な分担を超える仕事をしている人の存在に気づけるよう努力して（そして、できるだけ手助けしてあげて）。

Part 2　自分を知る　93

困り者
功績辞退者

功績辞退者とは、「私は昇給に値します」「そのプロジェクトの責任者は私です」「私は昇進したいです」といった言葉のなかから、「私」を除いてしまう女性のこと。

男性に、どうして成功したのか説明を求めると、その多くが自分の素質と能力を挙げる。ところが女性に同じことを聞くと、「一生懸命仕事をしたから」とか「他の人が助けてくれた」とか「運がよかった」などと言う。

何世紀にもわたる長い間、女性は、自分たちが成し遂げたことへの功績を否定されてきた（49 ページの「歴史的に有名な『横取り』事件」を思い出して）。そしてその間ずっと「謙虚であれ」と言われつづけてきた。功績辞退者が自分が成し遂げたことを口にするのをためらい、男性と比較して、自分の能力を過小評価するのもそのためだ。

でも、彼女たちは間違っている。チームプレーに徹しすぎ、受けて当然の評価を辞退しているうちに、人の能力は少しずつ、確実に、埋もれてしまうのだから。

対策

👊 「心から感謝」しない

女性はちょっと助けてもらっただけで「チームのみなさんに助けていただいたことを心から感謝します」などと言ってしまう。そして、この手の言葉（「サムがいなければできませんでした！」）によって、同僚への評価を必要以上にあげてしまっている[7]。なかには、自分たちへの評価をそらすために、あえて自分たちのマイナスポイントを挙げる人すらいる。もちろん、間違っている。

あなたの仕事の正当な功績をほかの人に譲りたくないなら、余計なことをしゃべってはいけない。キャンディよろしく、軽々しく感謝の言葉を配って歩くのはやめるべきだ。

👊 チームの仕事でも「自分の」評価を大切に

チームでプロジェクトに臨んでいるときでも、あなた「個人」の貢献を確実に知らしめよう。チームに男性がいる場合はとくに。女性は、個人または他の女性との仕事では、ほぼ成果にふさわしい功績を認められるが、男性と仕事をすると、不利な立場に立たされるという調査結果もある。チームの仕事に対する一般的な評価は、すべて男性が受け取るからだ[8]。

👊 賞賛を受け入れる

これは、シンプルだけど「自分を大事にする行動の基本」。なんとしても実践しよう。今度、誰かに仕事を褒められたら、まず最初に「ありがとう」と言うこと！

　　上司「今日のプレゼンは素晴らしかったよ！」
　　あなた「ありがとうございます！　でも、じつは全部ハロルドのお

~~かげなんです~~」

上司「あの提案はじつによかった。さぞ大変だっただろう」
あなた「ありがとうございます。~~大したことじゃありませんでした~~」
(「ものすごく頑張ったんです」をつけ加えてもいい)」

同僚「昇進おめでとう」
あなた「ありがとう。~~運がよかっただけよ~~」

言い方をひと工夫する

　ウッディ・アレン監督の映画『アニー・ホール』に、こんな場面が
ある。アレン演じるアルビーと、ダイアン・キートン（アニー）が、
それぞれセラピストの前で椅子に座っている。ふたりの関係がうまく
いかなかった理由を探るためだ。セラピストがセックスの回数を聞く。
「めったにないな。たぶん週に３回かな」とアルビー。一方、アニーは
こう。「いつもしてるわ。週に３回ってとこかしら」

　なんであれ、いかに言い方が大事かを示す完璧な例だ。これが職場
だったら、どうなるだろう？

　雇用主「経験年数を教えてくれたまえ」
　スティーブ「もう半年も経験しています。しかも──」
　ウィラ「半年しか経験がありません。ですが──」

　くれぐれもウィラにならないように！

Part 2　自分を知る　97

親愛なるあなたへ。
とりあえず持ってよう、FFC「穴埋め」宣言

　私 _____（あなたの名前）_____ は、自分の成果に対する評価をしっかり受ける。

　私 _____ は、「運がよかった」わけじゃない。それは、（次からひとつ選ぼう：「ちゃんと理由があったんだ」「大したことだったんだ」「ケヴィンのおかげなんかじゃなかった」）

　私の _____（仕事の任務）_____ は、_____（肯定的な言葉）_____。私は一生懸命にその仕事をした。

　私は、_____（評価を受けるに値する他の人物の名前）_____ が力を貸してくれたおかげで、この仕事を成し遂げることができた。

　そして私は、私たちが成し遂げたことを、心から誇りに思う。

　私は _____（肯定的な形容詞）_____ で、_____（肯定的な形容詞）_____ で、_____（肯定的な形容詞）_____ だ。

　私は _____（女王の名前）_____ だ。

困り者
ドアマット

───────────────────

　彼女は、不安でノーと言えない。本当は言いたいときでも。そのせいで、自分より他人の用事を優先しつづけてクタクタになる……。

　「ドアマット」は、単に母親のような役割を課せられるオフィスママとは違う。なぜなら、彼女は「すべて」を引き受けてくれる人と思われているから。

　しかも不幸なことに、ドアマットはただのお人好しではない。「彼女ならイエスと言ってくれるだろう」「みんなのためだから！」「感じのいい人だから！」「親切だから！」という周囲からの暗黙の期待にちゃんと気づいている。それを断ったらどうなるか……。だから、踏みつけられても、黙ってじっと耐えているのだ。

　彼女の懸念は正しい。男性がほかの仕事を頼まれてノーと言ったところで、誰も何も言わない（きっと忙しいんだ！）。ところが女性が断ると、不利益をこうむる（勤務評価が下がり、昇進への口添えも減り、周囲からはかわいげがないとみなされる）。

　じゃあ結局、女性には不利益をこうむることなくノーと言える方法はないの？──もちろん、そんなはずはない！

対策

まず自分のポジションを確認する

　職場全体の階層のなかで、自分がどこに位置しているかを見極めよう。あなたはインターン？　それともアシスタント？　残業や資料集めは、あなたがするべき仕事に含まれている？　もしイエスだったら、それを拒否するのは賢明じゃない。それから、仕事を頼んでくる相手のレベルも見定めよう。年上の同僚？　それとも狭い作業スペースで並んで仕事をしているインターン仲間？　あとは本書のすべてのアドバイスと同じ。自分の直感、そして常識を信じること。

正しい判断ができるよう「自問」する

　その仕事（あるいは「チャンス」）についても、よく考えてから決断しよう。それは、どれくらいの時間を要するもの？　その仕事をすることであなたは何を得られる？　それは本当にあなたにふさわしい仕事（たとえば、この書類のファクトチェックを手伝ってほしい、とか）？それとも、マネジャーなのに、上司のクリーニングを取りにいくような雑用を頼まれている？

　以下についても考えよう。頼みごとをしてきた人のことが好き？　尊敬している？　あるいはその人は直属の上司？　その人はいつも手伝いを求めてくる？　それとも珍しいこと？　こちらがやればやっただけのことを返してくれる？　本当に「楽しんで」できる仕事？

　誰かの報告書を再検討することでその人に気に入られるなら、やればいい。イエスと言うのは必ずしも悪いことではない。でも、多くの人と同じように、あなたも単なる義務感からイエスと言っているのなら、やめたほうがいい。

きっぱり断る

「断る」と「拒絶する」は違う。きちんと区別できるようにしよう。男女とも、ノーと言うときは罪悪感を覚えがちだけど、より後ろめたさを感じているのは女性だ[11]。だから、自分にしっかりと言い聞かせよう。私がノーと言っているのは、相手からの「要求」に対してであって、相手そのものに対してではないと。そして次に、ノーと「言わない」場合のコストを考えよう（より重要な仕事にかけられる時間が減るとか、帰る時間が遅くなるとか）。

忘れないでほしい。誰であれ、四六時中すべての人を幸せにすることなどできない。あなたが雇われの身で、病気の子の世話をするボランティアでないのなら、「いい人でいること」は最優先事項ではない。

心苦しく思わない

ある調査によると、人は男性よりも女性に対して、より頻繁に「イエス」を期待するそうだ[12]（忌まわしい男性上位め！）。ただ、同じ調査からは別のことも明らかになっている。手伝いを求める側は、相手がイエスと言いそうな可能性を、じつはかなり低めに予想しているというのだ[13]（つまり、あなたが思っている以上に、先方はあなたから「ノー」と言われることを考慮している）。だから、断ることをそんなに心苦しく思わなくていい。

見返り

「ノー」と言うことで不当な扱いを受けないようにするのはもちろん、何かを引き受けるときは、ちゃんと見返りを求めるのも忘れずに。頼まれた仕事を引き受けるかどうかを考えるときは、必ず自分にこう問いかけて。「これをすることで、私にはどんなメリットがあるだろう？」

Part 2　自分を知る

How to say no
「ノー」の言い方

図1　　　　　図2

状況：本当に時間がない
ダメな言い方「絶対無理です」
正しい言い方（相手が上司の場合）「今いっぱいいっぱいなんですけど、お手伝いさせてください。どれから先にやったらいいか、ご教示いただけますか?」
正しい言い方（相手が同僚の場合）「あなたの予定はどうなってるの? 私はいま、2つ、3つやるべきことを抱えてるんだけど」

状況：その仕事に反対
ダメな言い方「それ、うまくいくと思えません」
正しい言い方「じつは、ほかの案を考えたんですけど……」

状況：その仕事をやりたくない（だが、うまい言い訳を思いつけない）
ダメな言い方「ノー」
正しい言い方（相手が同僚の場合）「いいわよ、喜んで。でも代わりに（同じくらいひどいこと／つまらないこと／ゾッとすること）をやってくれる?」

状況：とんでもないこと（不適切なこと）を頼まれる
ダメな言い方「ばっかやろう」
正しい言い方「残念ですが、できません」（それだけ言ったら、あとは何も説明しないこと。クソったれ相手にいくら真っ当なことを言っても無意味だから）

困り者
曲芸師

　この学生はまるで曲芸師だ。ぴったりと脚を揃えて椅子に座り、机に覆<ruby>覆<rt>おお</rt></ruby>いかぶさるように体をかがめ、おずおずと手を挙げる。まるで、極力場所を取らないようにしているとでもいうように。

　なぜ彼女は、こんなふうに体をねじ曲げるのだろう。自分を小さく見せようとしている？　自分の内臓を守っている？　いや、周囲を威圧しないようにしているのかも。

　確かなのは、この曲芸師が女性であること（男性は、自分の体をねじ曲げて小さく見せようなどとはしない）。そして、そうすることで、自分自身を蝕んでいることだ。

　調査によると、私たちが他者から推測する情報の最大93パーセント[14]は「言葉以外のもの」から得ている。「なに」を言うかではなく「いかに」言うかだ、という古いことわざは正しいのだ。*

　曲芸師は、たとえオフィス内で最も賢明な発言をしても聞いてもらえない。くねくねしたゴムのような弱々しい存在をいちいち気にかけて、その言葉に耳を傾けるほど、みんな暇ではないからね。

＊　ベンチャーキャピタル185社のプレゼンに関する調査で、ボストンカレッジ博士課程の学生ラクシュミ・バラチャンドラは気づいた──「穏やかさ」や「アイコンタクト」「自然な感じ」といったもの（言い換えるなら、カリスマ性）のほうが、プレゼンの内容そのものよりも、発表者をよりよく見せていたことに。

Part 2　自分を知る　　103

対策

大きく見せる。堂々とする

　できるだけ自分を大きく見せるようにしよう。背筋を伸ばして座り、まっすぐに立つ。足を踏ん張り、拳を握りしめて、しっかりと自分の意見を主張する。ショールにくるまって縮こまらないよう、寒ければセーターを着こもう。

　ハーバードの教授エイミー・カディは、女性の教え子にこうアドバイスをしている。「教室の調節可能な椅子は、できるだけ高くするように。ただし、足はつねに床にしっかりとつけていること」（子どものように足をぶらぶらさせてはいけない）。

　このアドバイスは、就職の面接の際に大いに役立ったと多くの女子学生が報告している[15]。自信を伝えるボディランゲージは、女性にとって大きな武器だ。

小道具＆ポーズを活用する

　話をしながらそわそわしないよう、小道具をうまく使おう。たとえば、話しているときに髪やアクセサリーをいじったりしないよう、両手をふさいでおけるもの（ペンでもマグカップでもなんでもいい）を持つ。「戦闘」ならぬ「尖塔」ポーズもオススメだ。胸の前で両手のひらを向き合わせ、それぞれの指先を合わせて「塔」のような形をつくる。こうすると、なぜか自信たっぷりに見えるのだ。

美脚自慢をしてみる

　さあ、勇気を出して場所をとることを覚えよう。女性は男性に比べると、公の場で堂々と場所をとることが少ない[16]。たいてい脚はぴったり揃えているし、腕も体に密着させている。

　けれど、これからは思い切って美脚を自慢してみよう。誰かをつまずかせるようなつもりで、デスクの下から思い切り脚を伸ばす（ただし、本当につまずかせちゃダメだよ）。背中に定規が入っているつもりで、背筋を伸ばしてまっすぐに立つ。これだけで、自信たっぷりに見えるはず[17]。

　自分がものすごく時代の先端を行っていると思うなら、「男座り」をしてもいいかも。椅子を後ろに傾け、両手は頭の後ろで組み、机に脚を乗せれば出来上がり（ただし、そのままひっくり返らないよう注意）。

「あの人」の真似をする

　その場で一番自信に満ちた人物、あるいはあなたがいい印象を与えたいと思っている人のしぐさを（ついでに言えば話し方も）真似しよう。その人は、大勢の前で話すときに、自分の席から立ちあがるだろうか？　それなら、あなたも立ってみよう。とたんに全員の目があなたに注がれるだろう。（ちょっとした）打ち合わせの際、参加者からすぐに関心を失われて困っているならなおさらだ。

「パワーポーズ」をとる

　大事なスピーチの前には決まった行動をする人が多い。鏡に映る自分に話しかける。薬を飲む。バッハやベートーベン、あるいはジャネット・ジャクソン（もちろん『リズム・ネイション』だ）を聴く……。私の場合、ステージにあがるときは、手が震えないよう、いつもコーヒーマグを持つ。それから、そのコーヒーを飲む――カフェインが元気をくれるし、手をどこに置いておけばいいかという問題も解決してくれるから。

　でも、あなたが私の友人サリー・コーンなら（つまり、身長185センチの進歩的なレズビアンが、FOXニュースで保守的な白人男性と政治討論することになった場合）、以下のようにすること。トイレか廊下か路地に行く（しばらくひとりになれる場所なら、基本的にはどこでもいい）。そこで脚を広げ、背筋をまっすぐに伸ばして立ち、両手を腰にあてる。顎をあげ、深呼吸したら、そ

ハイパワーポーズ

106

のままたっぷり2分間、そのポーズのままじっとしている。すると、男性ホルモンが大量に分泌され、ストレスホルモンの分泌量が減って、すぐに自信がみなぎり、不安が減っていくだろう。そうしたら、シャツのシワを伸ばし、髪をさっと払って、ふんぞり返った女上司よろしく、セットへ向かおう。

簡単でしょ？

サリーは、エイミー・カディからこのテクニックを学んだ。ハーバードの心理学者カディによる、「パワーポーズ」がテーマのTEDトークは、世界中からフォローされている。このパワーポーズの魅力は、簡単に実行できるところ。彼女いわく、ポーズには自信を高める「ハイパワー」ポーズ——と、自信をなくす「ローパワー」ポーズがあるそうだ。さあ、あなたも内なるワンダーウーマンを呼び出して、パワーポーズをとってみよう。

ローパワーポーズ

スマホ猫背

気弱な学生

脚を組む

ぐんにゃりとだらしなく座る

Part 2　自分を知る

困り者
永遠のアシスタント

会議でメモをとる仕事を、男たちから押しつけられたままにしちゃ
ダメ。さもないと、ほかの人たちはその会議で決まったことをどん
どん進めていくのに、あなただけ午後遅くまでひたすらそのメモの
清書をして終わるわよ。
　　　──ヘレン・ガーリー・ブラウン（『コスモポリタン』編集長）

　ニューヨークにある専門学校の校長は、かつて女生徒たちに速記を
勉強「しない」ようアドバイスした。理由は、口述筆記できる「聡明
な女性」は「貴重な存在」なので、速記ノートを持ったまま、永遠に
上司のそばから離れられないだろうから、だそうだ。[19]
　速記ノートは、ダイヤル式の電話と同じくもう消滅したが、永遠の
アシスタントはいまだにいる。彼女はつねに上司の仕事を巧みに管理
しているので、上司は彼女なしに仕事ができない。彼女は彼女で、自
分は「ていのいい秘書代わりなどではない」と、同僚たちにアピール
するのに必死だ。忍耐強くて誠実な彼女は、一生懸命やればいつかは
出世できると思いこんでいる。けれど、どういうわけか、いつまでた
っても状況は変わらない。
　アシスタント業務が「できすぎて」困ることもときにはあるのだ。
少なくとも、あなたがその仕事をずっと続けたいと思っていない場合
はそうだ。

対策

別の仕事をすすんでやる

　自分の能力を伸ばせる別の仕事をやってみよう。たとえばオプションの仕事でも、うまくできれば何らかの報奨とか、あなたの実力を活かせる新たな仕事が得られるのでは？　今度、もしも注目度の高いプロジェクトへの参加を打診されたら、イエスと言おう。仕事はデートとは違う——けど、同じ点もある。誰かに気づいてもらえなければ、あなたの存在は埋もれたままになってしまうのだ。

意志を示す

　ロサンゼルスの芸能プロダクションでアシスタントを務める23歳の男性は、「上司との面接の際は、必ず自分の計画に基づいて話を進めていた」と言った。長時間のハードな仕事も楽しいが、自分のキャリアアップに関心があった彼は、しっかり自分のゴールを決めていて、それを実現させるべく2ヶ年計画を立てていた。人によっては2ヶ年計画なんて非現実的かもしれないから注意は必要だけど、日頃から「成長したい」という意志を明確に示すことはとても重要だ。

期限を設ける

　自分のために、期限を設けよう。前述した男性のように、2ヶ年計画を立てたなら、そしてそれが順調に進んでいないと感じたら、話し合いをしよう。その場で、自分の目標や、何がどうなれば目標を達成できるのかを伝えるのだ。忍耐は大事だが、辞めどきを見極めることも同じくらい大事だ。

Part 2　自分を知る

「とっととおさらば資金」に
手をつけるとき

```
テス・マギル                                         055
〒00123
ニューヨーク州ニューヨーク市          DATE  9/6/16
ワーキングガール通り1番地

とっととおさらば資金をお支払いください    $ 87.00

     ○○銀行
            もう1分だって我慢できるもんかっ
MEMO
⑈555555555⑈:  5555555555⑊5555
```

　これは、いざというときのための資金。もうこれ以上こんなこと（仕事や人間関係、生活など）はやっていられない、となったときに使う。

　「とっととおさらば資金」という言葉をつくりだしたのは、作家のポーレット・パーハックだ。

　彼女いわく「とっととおさらば資金」は「経済的な自衛」手段。最初から大金を用意する必要はまったくない。毎月の給料から少しずつ貯めていくだけでもいい。チリも積もれば、だ。余裕があるときだけ、ほんの数ドルずつでもかまわない。いずれにせよ、そうすることで前向きな節約という考え方が身についていく。

　だからあなたも、できるときに、できるところでお金を貯めよう。私たちはみんな知っている、よくないことが起こることを——とくにキャリアの築きはじめは。ほかにも、ゾッとする上司や、家賃を払わないルームメイトを前にして、「これ以上この人間関係を維持していくのは無理だ」と思ったときや、こんな職場には文字どおりもう1分だっていられるか、と思ったときにも役に立つ。

困り者
ひっこみ思案

これがなくちゃダメなの

引っこみ思案の女の子は、よく学校の教室にいる。彼女は一瞬だけおずおずと手を挙げるけれど、すぐに下げてしまう。自分の答えに自信がないから。

もちろんオフィスにもいる。机の奥から消え入りそうな声で話す女性。大きな声で話したら、「うるさい」と思われると心配しているのだろうか。あるいは、会議室で縮こまっている女性。ようやくアイデアをプレゼンしても、長く話しすぎたと気に病む女性……。男性よりも女性のほうが、会議では「発言しない」という印象を持たれがちなせいか、その場にいる女性が男性よりも少なくなればなるほど、発言も減ってくる[20]。

そう、こうした態度になってしまうには、それなりの理由がある。絶えず発言をさえぎられてきたからであり（44ページの「邪魔男」の項を参照）、利己的と思われるのが不安だからであり（115ページの「謙虚な自慢屋」の項を参照）、男女がともにいるグループ内では、女性がいくら見識ある意見を言ったところでさして影響がないからであり[21]、間違えることへの不安があるからである（間違えれば、いちだんと厳しい目で見られることを知っている）。

でも、それではいつまでたっても、私たちのアイデアに耳を貸してもらえない。なんとかしなきゃ。

Part 2　自分を知る

対策

もっと大きな輪に入る

　幼稚園時代から、女の子たちは仲のいい友だち1人か2人と秘密をささやき合う。それに対して男の子たちは、仲良しグループをつくって一緒に遊び、大きな声で命令し合う[22]。男の子は成長すると、大人数の中で話をすること（大声で意見をぶつけ合うこと）を心地よく感じるようになるが、女性は昔のまま、1対1の関係か少人数のグループ形態を好む。当然と言えば当然だろう。

準備して、飛びこむ

　『ハーバード・ビジネス・レビュー』の調査によると、会議の際、男性はくだけた感じで話すが、女性はより改まった（そしてきちんと準備した）話し方を好むという[23]。だが、そもそも女性は、いつも十分に話をする機会が与えられない。だからときには、意を決して飛びこまなくては！

　雑誌の編集をしているある友人は、勇気を振りしぼって、会議のたびに必ずアイデアを2つプレゼンする。そして、誰かほかの人のアイデアをサポートできたときは、ほんの少しだけ自分で自分を褒めてあげる。別の知り合いの女性は、努めて質問を（それも的を絞った質問を）するようにしている。そのやり方だと、より簡単に発言ができることを知っているからだ。あなたも試してみて。

本番「前」に会う

　ある調査によると、会議で高い手腕を発揮する（時間を有効に使える）のは女性だが、男性は、「あらかじめ」1対1で会うことに時間をかけ、自分たちのアイデアを試す（そしてサポートを確保する）傾向が強いという[24]。だったら、あなたも会議の「前」の会議に参加しよう。

たとえば、いつもより早くその場に行って、誰でもいいから聞いてくれそうな人に自分のアイデアを話す。それだけで、味方をつくる役に立つはずだし、「これで準備万端、自分が話す番になったら、サポートもしてもらえる」と思えれば気分が落ち着く。

思いこみを正す

　自分ではベラベラしゃべりすぎのような気がしても（あるいは「ほかの女性」がベラベラしゃべりすぎのような気がしても）、実際に発言に費やしている時間は、あなたが思っているよりもたぶん少ない。

　なのにそう思ってしまうのは、男も女もいる場では、女性だけ実際よりもたくさんしゃべっていると思われるからだ。なにしろ、女性が会議に参加して、全体の時間の 25 パーセントかそれ以下しかしゃべらなければ、男性と「バランスがちょうどいい」とみなされ、25〜50 パーセントしゃべると、「会話を支配している」と受け取られてしまうのだから。

　事実がわかれば遠慮はいらない！　肩の力を抜いて、堂々と発言しよう。同時に、たくさん話しているという印象も変えていければもっといい。

オバマを真似る

　会議での男女のバランスをもっとよくしよう。そのためには女性がもっと堂々と発言していくしかない。チーム内の男女それぞれの発言時間がどれくらいかを意識し、自分だけじゃなく、控えめな女性を促して、もっと声を出してもらおう。オバマ前大統領は、会議の際、その場で一番寡黙な人に発言を求めることで有名だった。あなたもやってみない？

Part 2　自分を知る　113

さあ、声高に話そう
自分にも、自分の業績にも自信を持とう

堂々としゃべって大丈夫！

YES BRAG
BE PROUD OF YOURSELF & YOUR ACHIEVEMENTS

さあ、私の話を聞いて

BRAGGING IS ALLOWED!
USE THE WORD

HELLO I'M BRAGGING

使う言葉は

WE

私たち

FOR TEAM

チームの面々には

ダメ

やり方は：飾らず、正直に。自分を変えていこう

THIS IS HOW: BE OPEN AND HONEST | self-improvement

NOT

NOT TOO Humble

引っこみ思案はダメ

ME ME ME ME
ME ME ME ME ME

私は 私は 私は 私は
私は 私は 私は

困り者

謙虚な自慢屋

「謙虚な自慢屋」は、全額支給の奨学金をもらえたのは「恵まれていたからだ」と言い、昇進させてもらえて「感謝」している（ついでに「驚いてもいる！」）と言い、名誉ある賞をもらえたことを「幸運」だと言う。だけど、じつのところ彼女が「しようとしている」のは、自分の実績を世に知らしめること——言い換えれば、自己PRだ。なぜこれがいけないのかって？　「巧妙に」自慢しているからよ。

謙虚な自慢屋の問題は、そのまま素直に自慢することをためらい、代わりにプライドをエセ謙虚で覆っていること。どうしてそんなことをするかって？　本人は意識すらしていないのかもしれないけど、自慢する女性を好きな人間などひとりもいないことを知っているから。つまり、生意気とかうぬぼれているとか思われたくないからだ[25]。

おまけに彼女は、どうでもいい謙遜をしまくっても自分を貶めるだけだということも知っている。そこで、自分なりのやり方を考え出した。それが「自慢げに話さずに自慢する」だ。宣伝せずに自分を売りこむ。自分があれこれ成し遂げられたのは「幸運」のおかげにする。これなら誰にも嫌われない。

たしかに、このやり方はうまくいきそうだ——が、そうはいかないんだ、これが。

Part 2　自分を知る　115

対策

✊ 「正しい」自慢のしかたを身につける

　自己陶酔は格好悪いけど、心にもない言葉はさらに格好悪い[26]。そんなことをするくらいなら、あからさまに自慢するほうがまだましだ。だいたい、そういう偽りの言葉は、結局なんの役にも立たない。かえって、感じが悪く、信用できない人だと思われるだけだから。

　自己PRにならず、心がこもっていて、鼻にかけているようにも見えずに自慢する方法ならほかにある。「別の人を讃えながら自慢する」だ。今度、あなたもやってみよう。自分のしたことがどれだけ素晴らしいかを説明したら、すぐに、それがどれだけ他の人たち（あなたのチームや会社）のおかげかを付け加えるのだ。

✊ 卑下しない

　ある研究によれば、じつは堂々と自慢する人[27]（「私はパーティの主役よ」）のほうが、卑下する人（「私なんかがパーティの主役だなんてとんでもないです」）よりずっと好意的に受け止められるそうだ。女性はもうすでに、謙虚すぎるほど謙虚なのだ。卑下するのは、まだまだ余裕がある男性に任せよう。

✊ 「事実」を口にする

　自分のことを話すときは、意見ではなく事実を述べるようにしよう。議論の余地のない事実を述べて自慢しているときに、その人を非難するのはかなり難しいものだ。たとえば、「私はすごく優秀なプログラマーなんです」と言う代わりに「私は今月、79387行コードを書きました」と言う。

　自分とほかの人を比較するのは絶対にダメ。比較するのは「自分の業績」と自分だ。「私は79387行コードを書きました。これは、あそこ

にいるサーシャより1万行も多いんです」じゃなくて、「私は79387行コードを書きました。この前の四半期に私が書いたコードより1万行多いんです」と言おう。このテクニックを使えるようになったら、印象がさらにグッとよくなること請け合いだ。[28]

✊ あなたの「宣伝ウーマン」を見つける

あなたには、あなたのことを誇らしげに話し、あなたも彼女のことを誇らしげに話す女性はいる？　もしも互いに褒め讃え合えば、ふたりともいい印象を与えられる。しかも、どちらも自慢しているようには見られない。

この方法を考え出したのは私ではない。調査によれば、あなたに代わって宣伝してくれる人物[29]がいれば、その人物のあなたへの好意が明らかであったとしても（あなたのママのように）、その効果は絶大だそうだ。率先して宣伝する側になるのもすごくいい。まわりの人はきっと、あなたがチームプレーに秀でていると思うようになるから。

［宣伝ウーマン］名詞

彼女とあなたの間には「彼女はあなたを褒め、あなたは彼女を褒める」という暗黙の了解がある。ほかには「コーヒーの好みを把握しておく」「更衣室では何ひとつ偽りなく話す」など。

困り者
永遠の信奉者

「問題は、実際に昇給を求めることではないのです」。マイクロソフトのCEOサティア・ナデラは言った。「大事なのは適切な昇給がもたらされるシステムがあると信じることなのです」。これは、コンピュータ技術に秀でた女性を表彰する、グレース・ホッパー会議での発言だ。聴衆はこのとき呆然とした。えっ？ ……「信じる」？

職場は女子修道会でもなければ、ましてやスピリチュアルな場でもない。信じたからといって、勘定を払ってもらえるわけでもなければ、おごってもらえるわけでもない。だが、「永遠の信奉者」は間違いなく存在する。

彼女たちは、顔をあげずに真面目に仕事をしていれば、会社に忠誠を尽くしていれば、単純にシステムを「信じて」いれば、自分はいつか成功を手にできると思いこんでいる。引き抜きの声がかかっても、なびかない。会社への忠誠心を示したいから。だけど、そうまでしても、自分が望んでいるように昇進できることは決してない。

はっきりさせておこう。職場には、神の摂理など存在しない。あなたが手にできるのは、あなたが要求するものだけだ。

対策

「忠誠心」より「決断」を

女性は、男性に比べると、2、3年で転職する可能性がかなり低い[30]。たしかに、とどまるべき理由はたくさんある。事業拡大をずっと見守ってきたから。上司が好きだから。いい友人ができたから。そしておそらく、辞めると言うと後ろめたい気持ちになるから。

でも、後ろめたくなることなんてない。あなたの上司が本当に素晴らしい人なら、あなたが幸せになるのをあと押ししてくれるはずだ。

自分が本心から望むことを求める

女性は往々にして自分が望むものを要求しないが、そのことが、いまだに賃金格差が（それから他にもいろいろな問題が）なくならない一因になっている。

さあ、自分が心から望んでいることを実際に求めよう（昇給！　特別休暇！　座り心地のいい椅子！）

「信じる」を卒業する

これまでに自分が成し遂げてきたことをたどっていけば、「信じる心」ではなく「事実」に基づいて考え、行動することができる。堂々と自分が望むものを求めることもできる。

たとえば、信じようが信じまいが、記録をつけておけば、たぶん、信じるだけの人生の無意味さが見えてくるだろう。

Part 2　自分を知る

困り者
味方殺し

　マデレーン・オルブライトはかつて、「地獄には特別な場所があるんです」と言った。「そこに行くのは、ほかの女性をサポートしなかった女性です」。それが本当なら、私たちの多くは（大半は？）火あぶりの刑に処せられるだろう。

　それはともかく、「味方殺し」とは戦ったほうがいい。このタイプには、よく知られた別名もある。女王蜂や意地悪女、敵意に満ちた放火犯、などだ。味方殺しは、ともに戦う女性を、仲間ではなく敵とみなし、女性に刃を向けてくる。そう、その名のとおり味方を殺すのだ。

> ［味方殺し］名詞
> FFC最大の戦犯。戦いが起こった場合、仲間の女性に刃を向けてくる。

　味方殺しは、思春期に入った瞬間から、「ほかの女性と張り合わなければならない」と教育されてきた（自分に注目を集めるためだ……男性の）。

　職場でも同じ。彼女は、自分を認めてもらうために、ほかの女性と張り合おうとする。だから、ゴールデンチケットを手に入れるべく（あるいは、そのフロアに自分の場所を確保すべく）、隣の女性を肘で押しのけていく。それでなくても上層部の席数は限られていて、女性の分はさらに数席しかないのだ。女性をライバルとみなさないわけがない。彼女のせいで、同僚女性を助けようとする女性たちまで、不利な状況

に追いこまれたりする。手を差し伸べない女性よりも、はるかに悪い勤務評定[31]を下されて。

　ちなみに味方殺しには、いろいろなタイプがある。

男性にすり寄る女　ほかの女性から距離を置くか、貶めなければ成功を手にできないと思いこんでいるタイプ。

男性に取り入る女　男性とうまくやっていくためなら、どんなことでもしかねないタイプ。男性陣がひどいふるまいをしても、それを大目に見たり、さも面白くてたまらないといったフリをする。自分がそういう連中と同じレベルにいることを示すためだ。

ベタな女　すべての女性を敵とみなすタイプ。部屋に女性が1人増えれば、その分「自分の居場所が1つ減る」と思いこむ。

ジェネレーション手榴弾投げつけ女　「自分」がかつて男性上位に苦しめられてきたから、あなたもそうに違いないと決めてかかるタイプ（この投げつけ女には、年下の若い女性同僚がなることもある。その場合彼女は、女性上司は「最悪」だと考えている）。

金魚のフンあるいは、職場におけるゾンビのような女　集団思考につき従い、つねに不特定多数の考えを反映するタイプ。

　この手の女性を退ける、あるいは「私たちはこの手の女とはまったく違う」と明らかにするのは簡単だ。でも、働く女性の95パーセント[32]が、少なくとも一度はほかの女性から足を引っ張られたと感じている。つまり、私たちは大半が、味方殺しに会ったことがあるか、味方殺しだったことがあるのだ。

Part 2　自分を知る　121

対策

✊ 女性とは助け合う

FFCのルール3「私たちの敵は男性上位制であって、女性同士で戦うつもりはない」を思い出してほしい。FFCのメンバーであるということは、ほかの女性を助けると宣誓したということだ。

私たちは協力して、もっと女性を雇用しよう。女性を昇進させよう。女性を教育しよう。パネリストや基調演説者や会議の参加者、あるいは他のありとあらゆる専門職に、男性と同じ人数の女性を配したり、雇用したりしよう。

女性同士が張り合う流れを断ち切るには、「より多くの女性が権限を持てるようにしていく」しかないのだから。

✊ 敵も仲間に変える

たとえあなたが彼女のことを好きじゃなくても、いざとなれば彼女のためになることをするって教えてあげよう。そう、ブラのアンダーワイヤーみたいに、彼女を支えるのだ。自分が彼女から目の敵にされていると気づいたら、あなたのほうからその関係を改善しよう。もしかしたら、出だしで失敗していたのかもしれない。彼女を呼び出して、一緒にお酒を飲んでみよう。同じチームの仲間として、ともに働きたいと伝えよう。誤解を解けないか、聞いてみよう。とにかく彼女をあなたの仲間にするのだ、敵ではなく。

✊ 「輝きの法則」を実践する

ポッドキャスト"Call Your Girlfriend"でホストを務める親友コンビ、アン・フリードマンとアミナトゥ・ソウは、「輝きの法則」を提唱している。ほかの女性が成功したり輝いたりすれば、その分あなたが冴えなくなる、というのは間違いで、本当はあなたもまたいちだんときらめ

いて見えるようになる、という法則だ。

　そうとわかったら、素晴らしい女性たちと張り合ったり、その成功を妬んだりする代わりに、そういう人たちのなかにすすんで身を置くほうが断然いいでしょ？

　あなたも、その輝きの恩恵にあずかろう。

喧嘩はソンと心得る

　女性同士の対立は、男性同士（もしくは男女間）のそれとは違うもの[33]と思われがちだ。男性の場合は、単なる意見の不一致とみなされるのに対して、女性同士のはもはや修復不能で、妬み合いとみなされるのだ。つまり、口喧嘩をしたら女性同士の足の引っ張り合いになるだけってこと。

本当の敵を知る

　あなたのオフィスに女性が増えれば増えるほど、あなたの状況はよくなる。女性の重役が多い企業が増えれば、女性の経営者も増える。ＣＥＯやトップの座に就く女性が増えれば、女性がリーダーシップを発揮できるようになる。そのうえ、女性リーダーの給料もアップする。

　おまけに、女性のリーダーが増えれば、先輩後輩を問わず、女性はみんな「さらなるサポートを受けられる」と思える[34]。これが真実だ。そう、問題は「ほかの女性」にあるのではない。私たちを互いに張り合わせるシステムにあるのだ。

Part 2　自分を知る　123

女性たちが積極的にとるべき行動
10の戒律

01 ほかの女性を助けるべし
喜んで受け入れ、親友のようにサポートしよう。

02 グループから力を引き出すべし
女性はみんな仲間と思えば、何があっても負けないと思えるようになる。

03 女性優先という揺るぎない政策を採用すべし
女性を雇う。女性を教育する。女性のアイデアをサポートする。
男性に敵対する必要はないが、何をおいても最初に女性のことを考える。

04 FFCが理想とする女性であれ
強くて、自信に満ちた、とびきりカッコイイ女性であろう。
ともに戦う仲間の声援を、内なる声に変えていこう。

05 互いに支持し合うべし
たとえば、素晴らしい女性たちのことをすすんで吹聴(ふいちょう)する。
または公の場で、女性の素晴らしいアイデアに賛同し、声援をおくる。

06 女性同士の友情を大事にすべし
自信を持ったひとりの女性よりすごいのは、自信を持った女性たちの集団しかない。

07 助けを求めるべし
仲間の力を利用しよう。
仲間は、あなたをサポートするためにここにいる。

08 年長者を尊敬すべし
私たちは、先人女性たちの肩パッドの上に立っているのだ。

09 後輩を自分以上に育てるべし
あなたの知識を次の世代に渡していこう。
後輩が奮起できるよう力を貸そう。後輩から学ぼう。

10 困っている仲間を助けるべし
月に一度、ほかの女性のために尽力するのは、あなたの「義務」だ。

困り者
詐欺師症候群
（インポスター）

> 将来のキャリアを想像する男性が鏡を覗くと、中から見つめ返して
> くるのは上院議員だ。だが女性は決してそんなに図々しくない。
> ──マリエ・ウィルソン（女性の地位向上のためのキャンペーン
> 「娘を職場に連れていく日」創設者）

　ウェブ版『タイム』のコラムニストとして雇われてすぐ、私はキャ
ティ・ケイとクレア・シップマンの著書『なぜ女は男のように自信を
もてないのか』（CCCメディアハウス）について書くよう言われた。コラ
ムニストとして採用された以上、それくらいできて当然と、誰もが思
うだろう。だが、これはコラムニストとしての私の初仕事だったから、
すっかり浮き足立ってしまった。

　出だしからつまずき、書いては書き直し、全部削除して打ち直し、
文章を切ったり貼ったりあちこちに動かしたり、さらにまた何度か動
かし……その後10分かけて悶々とした結果、すべてを消して、また最
初に戻ってしまった。

　そしてとうとう、フリーランサーの制服（パジャマ）を着た私は、
オフィス（リビング）に設えた、グチャグチャのデスク（キッチンの
テーブル）につっぷし、「自分がコラムを持つなんて絶対に無理だ」と
思うにいたった。実際、その週の終わりには、せっかく交わしたばか
りの契約を取り消されるだろうと信じて疑わなかった。

　結局そうはならなかったけど、皮肉なことに、私が紹介することに
なっていた本は、詐欺師症候群、あるいは自己不信感という、大きな
（インポスター）
仕事に直面した際に女性がよく襲われる症状について書かれた本だっ
た。「目の前の仕事を成し遂げることができないと思いこんだ」私も、
まさにそのひとりだったのだ。

Part 2　自分を知る　125

「詐欺師症候群」という言葉は、1970年代に生まれたが、女性はそれ以前からつねにこうした思いを抱いてきた。素晴らしい仕事を成し遂げたあとでさえ、「自分は本当は賞賛には値しない」という思いに苦しんでいた。

詐欺師症候群は、とくにマイノリティグループ（女性や人種的マイノリティ、LGBTの人々）に強い影響をおよぼす。あるいはこのテーマを扱った"The Secret Thoughts of Successful Women（成功する女性の密かな思い）"の著者バレリー・ヤングが言うように、「トップにならなければ」というプレッシャーを感じている人たちにも。たとえば、成績優秀者や創造性を求められる人に顕著で、大学や大学院、そして職場でいまだにみられる。[35]

以下に「詐欺師症候群」のタイプを挙げてみよう（心あたりはない？）。

●100パーセント失敗すると思いこむ　フェイスブックのCOOシェリル・サンドバーグでさえ、自分はこのタイプだと言っている（なんでもそつなくこなせる彼女がそうだとは、とても信じられないけど）。自著『LEAN IN（リーン・イン）』（日本経済新聞出版社）で、サンドバーグはこう述べている。「教室で指されて答えるたびに、ヘンなことを言ってしまったと感じる。試験を受けるたびに、失敗したと思う。なんとか切り抜けたときでも、それどころかみごとにやってのけたときでさえ、みんなを騙しているだけだと後ろめたく思う。いつか自分の貧弱な中身が全部ばれる日が来るのだ、と」

●自分は詐欺師だと感じている　このタイプは、うまくやり遂げたときでさえ、本当はすべてごまかしで、みんなを騙していて、すぐにそれが見つかって暴露される、という思いをぬぐい去ることができない。私もそのひとりだ。この原稿を担当編集者に渡す3日前、徹夜続きで自宅にひとりでいたんだけど、そのとき、トイレに行きながらこう考えた。「私なんかの経験を書き連ねた本を読んでみたいと思う人が、本

当にいる？」。担当編集者の女性も、あとで教えてくれた。「私もいつも、自分が編集する本を同じように思ってた」

●**自己評価が低い（たとえ誰かが全面的にサポートしてくれても）** つい最近、私は仕事の電話をもらって、「やらせていただきます。お金なんていりません」と返事をした。すると、それを横で聞いていた男友だちが、震えあがらんばかりの勢いで言った。「ジェシカ！ ちゃんと金をもらわなきゃダメだ！」（で、思わず「わかった」と答えた）

●**自分の経験や専門知識を過小評価する** まさにこの問題を友人と話していたときのこと。彼女は教師で、いま声をかけられている仕事について話してくれたのだが、次の瞬間、こう言葉を続けた。「でも、私なんてまるでふさわしくないから」（先方から「ぜひあなたに」と言われていたのに、だ！）。私がインタビューをした別の女性（博士号を持つ工学部の学生）は、機械工学士として働いていたとき、報告書に自分を工学士と記さなかったことについて、ある現場監督に指摘されたという。「当時の私は、気づかないうちに、自分は工学士ではないと同僚に話していたんです」。彼女は言った。「私にとってそれは、自分がミスを犯した場合に備えた言い訳だったんだと思います」

Part 2 自分を知る

対策

悩みを共有する

女性の同僚や友人とこのテーマで話をしよう。たぶん、ほかの女性も詐欺師のような気持ちになったことがある。あなたひとりが抱えている問題じゃないとわかるだろう。もし、頭のなかで自分を疑う声がじわじわと聞こえてきたら、こう繰り返そう。「これは私の声じゃない。詐欺師症候群の詐欺師がしゃべっている声だ」

否定的な考えを「消し去る」方法を知る

その仕事をするのに、あなたが他の人よりも能力的に「劣る」証拠があるのか、自分に問いかけよう。次に、あなたにはその仕事をするのに「ふさわしい」（あるいは、あえて言うが、「十二分な」）能力があるという証拠を、10個以上挙げよう。

失敗しても詐欺師ではない！

女性は、失敗すると自分の能力や適性に疑問を抱く（「私の」何がいけなかったんだろう？）。だが男性は、運が悪かったとか、仕事そのものに問題があったとか、サポートが十分でなかったという。どれも「外部の力」だ。どうか覚えておいてほしい。最高のアスリートでも失敗はする。最高の弁護士でも負ける。最高の俳優でも主演作がこけることがある。失敗ごときに、自分の自信を打ち砕かれてはダメだ！

自分に励ましの言葉をかける

あなたが自分にかける言葉が、実際に自分に対する「見方」を変えることがある。あなた次第で、神経が磨り減りそうなイベントの間も、しっかりと自信を持っていられるのだ。さあ、自分のことを書き出してみよう。鏡の中の自分に話しかけてみよう。「あなたは、男性の同僚

と同じくらい超デキるよ」というように。成功したのは運がよかったから、などという言い訳を口にするのは禁止だ。

成功をイメージする

　オリンピック選手たちも、軍の将校たちも、スタート前には、自分がその状況をいかに成功裏に導いていくかをありありとイメージしている。

徹底的に準備する

　大事な仕事をするときは、その前に周到に準備しておこう。そうやって先手を打っておけば、周囲を騙しているような気持ちや不安な思いが芽生えずにすむ。ドイツのアンゲラ・メルケル首相も、このやり方で自分の疑念に打ち勝ってきたという。IMFの専務理事クリスティーヌ・ラガルドも、ふだんから徹底的に準備すると言っている。「個々の問題に取り組む際、その案件を中から、外から、横から、後ろから、さらには歴史的に、遺伝的に、そして地理的にと、あらゆる角度から検証します。細大漏らさず完全に把握し、すべてを理解しておきたい。誰からもバカにされたくないから」[37]

「自分」ではなく「アイデア」に目を向ける

　学者のアダム・グラントは、著書『ORIGINALS』(三笠書房)のなかで、2種類の懐疑について書いている。自己への懐疑とアイデアへの懐疑だ。前者は思考停止を引き起こすが、後者は意外にも、自分に磨きをかけたり、挑戦したり、素晴らしいアイデアを試してみようという前向きな気持ちにさせるという。あなたも、自己への懐疑をアイデアへの懐疑に変えていこう。そのために、自分にこう言い聞かせよう。「私はクズではない。どんなにすごいアイデアも、最初の案はクズだ──私はまだそこにいたっていないだけ」

Part 2　自分を知る

有名な詐欺師症候群の女性たち

ティナ・フェイ（コメディが得意な女優、脚本家）

「詐欺師症候群の困ったところは、ふたつの感情の間で揺れ動くことね。ひとつは病的に強い自負心。もうひとつは、『ああ、私は偽物だわ！ ああ神様、私のことはもうすっかりバレてます！ 私は偽物なんです！』って完全に思いこんだ状態よ」

偽物

ソニア・ソトマイヨール（合衆国最高裁判所判事）

プリンストンで、この最高裁判事はこう言った。「誰かに肩を叩かれて、ここはあなたのいる場所じゃない！ と言われるのをひたすら待っていたような気持ちだった」

疎外感

マヤ・アンジェロウ（詩人、作家）

いくつもの受賞歴があるこの作家は、11作目を書きあげてからというもの、別の作品を書くたびに決まってこう思ったという。「ああ、どうしよう、もうバレてるわ、きっと。私がすべての人を騙してきたってことが」

あらわな不安

カーステン・ギリブランド（上院議員）

ギリブランドが選挙に立候補する自信が持てるようになったのは、ほかの人の選挙運動に10年もボランティアとして携わってからだった。それまでの彼女はずっとためらっていた。「私には十分な美徳がある？ 体力は問題ない？ 精神的な強さは？ 知力は足りている？ 議員の資格はある？」

資格がない

ジョディ・フォスター（女優）

間違い

この大女優はかつて、自分がイェール大学に入れたのはまぐれだと思うと言った。それから、アカデミー賞受賞も。「まぐれだってみんなにバレて、オスカーを取り返されるって思ってた。『申し訳ないが、これはほかの方にあげるつもりだったんです。メリル・ストリープに』ってね」

メリル・ストリープ（女優）

アマチュア

あなたはいつも演じているんですか？ インタビューでそう聞かれたとき、オスカー史上最多のノミネートを誇るこの女性は言った。「『スクリーンでもう一度この女優を見たいなんて、いったい誰が思うんだ』と思ってるんでしょ。そもそも演じ方がわからない私が、どうやって普段から演じられるっていうの？」

ミシェル・オバマ（弁護士・前大統領夫人）

全然ダメ

若いころ、彼女はよく夜中に目を覚ましては、自分に問いかけていた。「私って声が大きすぎるのかしら？ 大きな夢を抱きすぎているのかな？」。でも「そうやって考えたあとは決まって、ほかの人からどう思われているかを気にするのに疲れました。だから決めたの、周囲の声には振りまわされないって」

Part 2 自分を知る

困り者
完璧主義者

スタンフォードでは、こうした女性を「アヒル症候群」と称している。水上ではスーッと滑るように泳いでいるかに見えて、じつは水面下で、なんとかして沈まないよう必死に水をかいているからだ。

ペンシルベニア大学では、「ペンフェイス」と言う。彼女たちは、たとえ必死にもがいていたり、ストレスでまいっていても、「幸せで自信いっぱい」という顔をするから。デューク大学では、「苦労の跡がない仕上げ」、あるいは「努力の跡を一切見せずに、知性と教養を身につけ、スタイルもよく、美しく、人望もある人になるよう、女子大生たちが感じているプレッシャー」と表現している。[38]

完璧主義の種は思春期に植えられ、大学時代に芽を出す。そして、大人になってからも成長を続ける。

女性というだけで、こと細かに間違いを指摘され、それをいつまでも言われる社会で（ちなみに、有色女性ならその間違いはより厳しく批判される）、完璧主義者は自分で自分にはかりしれないプレッシャー[39]をかける。彼女たちは、天文学的な、ほとんど達成不可能なゴールを設定する。挫折の可能性など微塵も考えずに、だ（そもそも失敗など選択肢にはない）。

だが、成功のハードルがあまりに高く、あまりに非現実的であれば、必ず無理がたたるときがくる。これまでの反動か、「スピードを落とせ」という標識を目にしただけで、完璧主義者は往々にしてすべてを諦めてしまうのだ。

対策

👊 勝利の味を噛みしめる

完璧主義者はすぐに自己批判をする一方、時間をかけて自分の「勝利」を祝うことは滅多にない。だからときどきは、ポンと音を立ててコルクを抜き、自分で自分を褒めてあげよう。ついでに、あなたをゴールへと着実に近づけてくれる、小さな成果にも目を向けよう。

👊 小刻みに目標を設定する

基準を低くする、という意味ではない。目標を細かく設定し、それをひとつずつ確実にこなしていこうという意味だ。こうすれば、いつその目標を達成したかがよくわかる。言ってみれば、レゴブロックで塔をつくるようなものだ。小さなゴールを達成するたびに、次のブロックをしっかりとつければ、たとえ10番目のブロックが落ちたとしても、残りはしっかりと立ったままだろう。

👊 助けを求める

「何から何まで」ひとりでやる必要はない。じつは助けを求めたほうが、かえって有能に見えるって知ってる？　能力がないとはみなされないのだから、安心して声を出そう。

👊 折り合いのつけどきを知る

よく「根性こそが成功への道」などと言われる。[40] でも、達成不可能な目標に執着すると、それがものすごいストレスの原因になる。[41] 大望を抱くのは素晴らしいけど、この目標は現実的ではない、と認めるべきときもある。自分で自分にどれだけのプレッシャーをかけているか、じっくり考えてみよう——別の道を探ってみるときなのかどうかも。

Part 2　自分を知る

困り者
神経質なおしゃべり

「徐々に口が引き起こす脱線事故」とも言う。この手の人は、必ずしも「おしゃべり」なわけではない。だが、いざプレゼンや交渉など、ここぞという状況になると、緊張のあまり話を止めることができなくなってしまう。彼女たちはひたすら早口になり、余計な言葉があふれ、脱線していき、そのうち何度も同じことを繰り返しはじめ、ついには何が言いたいのかさっぱりわからなくなってしまう。誰しも、過度に緊張した状況から解放されたときは、自分が何をしゃべったのか覚えていなかったりする。だが神経質なおしゃべりは、その程度ではすまない。マイクを手から引き抜かれんばかりの勢いで話すのだ。

対策

140 文字以下にする

まあ、これは冗談だが、質問に答えたり、アイデアを売りこむときは、言いたいことをまとめて、シンプルに1ツイートか2ツイート程度で返せるようにしていこう。話を切りあげなければいけないときの合図になる言葉かフレーズを、自分で決めておくのもいい。どんなリミッターを設けるにせよ、大事なのは、頑張って簡潔にまとめ、「話を止める」こと。補足質問をされたら、そのときはもちろん話を続ければいい。でも、そうでなければ、黙れ。

「ひとり反省会」をする

インタビューや重要なプレゼンのあとで、おしゃべりしすぎたと後悔したら、それを止められなかった原因を箇条書きにしてはっきりさせよう。次に同じことをしないよう直せばいいのだ。

深呼吸する

人は、緊張すると早口になりがちだ。こういうときは深呼吸が一番。これだけで、闘争・逃走反応をコントロールしている交感神経系が落ち着き、ストレスホルモンもひと休みする。

沈黙は永遠の大親友

沈黙はときに最も強力なツールになる。長い間は、あなたに深呼吸する時間も与えてくれる。宙に漂うあなたの言葉にインパクトを与えてもくれる。だからぜひ、沈黙を試してみて。とめどなくおしゃべりをするのは、ほかの人に任せよう。

Part 2　自分を知る

困り者

燃えつき人間

ーーーーーーーーーーーーーーーーーーーー

　この手のタイプは、女性がスーパーマンさながらのスタミナを求められる世界に存在する。そんなに多くはない[42]。

　とはいえ、男性より女性のほうが燃えつきやすいのは確かだ。18〜44歳を対象としたある調査では、「ひどい倦怠感」を感じたり、「疲労困憊」したり、ほぼ毎日気力も体力も使い切っている、という女性は、男性のほぼ2倍の数にのぼったそうだ[43]。

　また、過労は男性よりも女性の健康によりマイナスの影響をおよぼすというデータもある[44]。とくに子どものいる女性は、いつもいっぱいいっぱいだ。職場での仕事が終わると、すぐに家の仕事が始まる。子どもの世話、洗濯、夕食の支度、宿題のチェック……こういったことすべてが女性にばかりのしかかってくるのだ[45]。

　燃えつきないほうがおかしいんじゃない？

対策

禁止の時間をつくる

「放っておけば、1日24時間、1年365日仕事はある」。ハリウッドのプロデューサー、ションダ・ライムズはそう言っている。そのとおりだ。だから線を引こう。オフィスを出たら、もうメールチェックはしない。あなたがそれなりのポジションにいるなら、それを公に宣言してみよう。そうすれば、ほかの人たちのために先例をつくれる。ちなみに、ライムズのメールの署名はこう↓

ご注意ください：午後7時以降および週末は、仕事用のメールはチェックいたしません。
私があなたの上司なら、提案させていただきます：携帯電話の電源を切りなさい。

断固、残業阻止！

多くの人が、会社への献身を示そうとして遅くまで残業する。そしてそれが、長い目で見れば自分に利益をもたらすことを期待する。でも、残業の対価がしっかり女性に支払われることはまれだ。家事だって女性が負担していることが多いのに、その対価はたいがい少ない。研究でも明らかなように、「過重労働」が最大の評価対象となる職場では、女性が過小評価されることが多く、昇進の機会を得る可能性は低いのだ。

Part 2　自分を知る　137

全力でリラックスする

　家での過ごし方で男性と女性で最も大きく違うのは、男性のほうが「余暇」の時間が多い点だ。ピュー研究所によれば、週に5時間も多いという。疲れを癒したり、ほっと一息ついたり、ただ単にリラックスするための時間が少なければ少ないほど、燃えつきる危険は高くなる。あなたの予定表にも、リラックスのための時間を加えるべきだ。

　もっといいのは、いったん手帳からすべての予定を消し、そのあと、ゆっくりと時間をかけて、大事な予定から戻していく方法だ。昼休みに散歩に行くのを後ろめたく思ってはいけない。「自分のための」時間をつくって、どんどんストレスを発散しよう。

「したいこと」を最優先するクセをつける

　「～すべきだった」「～できたのに」「～しようと思ったのに」はもう十分だ。もし自分が燃えつきそうだと感じたら、なんでも「イエス」と言うのを断固拒むこと。きわめて重要な見返りがあるもの以外は、すべて「ノー」と言う。つまり、「すべき」ことはもうなし。「しなければいけないこと」と「したいこと」だけにするのだ（ときには、「しなければならないこと」すら削除する必要がある）。

　あなたが参加している合唱団の練習も、同僚たちが趣味でやっているスポーツの観戦も、遠出する同僚の代わりに引き受ける余分なシフトも——すべてなしだ！　どれも、あなたが燃えつきる寸前では「ない」ときにまたやればいい。

　でも、今はやめよう。

女性たちよ、昼寝をしよう！

アリアナ・ハフィントンの著書『サード・メトリック』（CCC メディアハウス）には、ハーバードの研究結果が紹介されている。それによれば、エクソン・バルディーズ号の座礁事故や、スペースシャトル「チャレンジャー」号の爆発事故、チェルノブイリやスリーマイル島の原子力発電所事故の「重要な要因」は、どれも睡眠不足にあるという。十分な睡眠をとることは、とくに女性にとって大事だ。ある調査によると、適切な睡眠がとれなくて具合が悪くなるのは、精神的にも肉体的にも男性より女性のほうが多く、より多くの睡眠が必要なのも概して女性のほうだという（だって、女性は男性の倍もやらなくちゃいけない仕事があるんだから、でしょ？）。というわけで、FFC 公認のアドバイスはこれ。「睡眠を削らないこと！」できそうにないときは（あるいは、怠けているような気がしたり、うしろめたく思ったり、やらなきゃいけないことが山ほどあるのに、なんて思ったときは）思い出して！　ウィンストン・チャーチルも、ジョン・F・ケネディも、レオナルド・ダ・ヴィンチも、昼寝をしっかりすることで偉人になったってことを。だったら、女性だってそうしてしかるべきだ。

Part 2　自分を知る

Part **3**

思わぬ
落とし穴

「典型的な言われ方」を把握し、
うまく対処する方法

それは、たしかに華やか「そうな」話ではあった。スミタは自分が脚本を書いたテレビシリーズのパイロット版を撮影するため、1ヶ月ものヨーロッパ出張で13の都市をまわったのだから。けれど実態は？彼女はカメラ片手にベスパで地中海沿岸をめぐることも、ペレグリノを飲みながらパリの夕暮れを堪能することもできなかった。

　そもそも、企画のプレゼンからキャスティング、脚本の書き直しに何ヶ月も要したあと、ようやくニューヨークのプロダクションからパイロット版撮影のために渡された予算は、ほんの少額だった。スミタは本業を離れて撮影のための金策に走りまわり、やっとのことで海外での撮影に臨んだのだ。

　ヨーロッパでは日に14時間も仕事をし、経費削減のためにスタッフと安宿の部屋にぎゅうぎゅう詰めで寝た。しかも4週間で7カ国の弾丸ツアーだ。仮に最高の環境下でだったとしても、過酷なスケジュールだ。

　スミタはベテランのプロデューサーだった（6本ものテレビ番組を仕切り、ものすごい数の職人気質(かたぎ)のスタッフを管理し、有名な映画製作者たちのアシストもしてきた）が、演出はこれが初めてだった。

　割り当てられたスタッフは8人の男性。全員がどうしようもなく手に負えなかった。2人はアルコール依存症で、3人は注意欠陥・多動性障害の治療薬を常用していた。しかも8人とも、「一度たりとも」遅

刻せずに来る気がなさそうだった。スミタは神経衰弱になりかけた。

　もちろん、スタッフに何とかうまく働いてもらおうと、ありとあらゆることをやってみた。もっと関心を持ってもらえるよう、脚本への意見も求めた。ときには、うまくいかないとわかっていながら、スタッフの意見どおりのことをやってもみた。顔色をうかがって、どうすればスタッフの仕事が楽になるかも聞いた。朝ちゃんと起きてもらおうと、コーヒーも運んだ。

　「でも、そんなことをしても無駄だってわかったの」。のちに彼女は、おどけて言った。「だって彼らってば、私にノートだの上着だのを持たせるし、バンからあれ持ってこい、これ持ってこいってずっとやってるんだからね」

　そこで、仕切り直すことにした。手始めに、なんでもまずは全力で肯定してみた。スタッフが意のままにふるまおうとすると、「すごい！」と言う。「でも、この方法でやってみましょう！」と言うのはそのあとだ。

　それから、彼らの罪悪感に訴えるべく、悲しげな態度にも出た。「みなさん、申し訳ないんだけれど、明日すぐに始められるように、時間どおりに来てもらうことはできないかな」

　でも、だんだん自分がバカみたいに思えてきた。ついにスミタは、くだらない小細工はやめて、自分の地位にふさわしく、時間どおりに来るよう命令した。「こうしたらどうかしら」じゃなくて、「こんなことしてる時間はないの。台本どおりにやってちょうだい」と。

　それはうまくいった……一応。渋々ではあるが、みんな彼女に従ったから。でもその日、仕事を終えたスタッフは全員、彼女を避けてバーへ向かった。明らかに機嫌が悪かった。自分が望む撮影ができるようにはなったが、スタッフは誰ひとり彼女に話しかけてこなかった（し、スタッフ間でもほとんど会話はなかった）。

Part 3　思わぬ落とし穴

そして、最後の滞在国ドイツに入り、ついに撮影最終週に突入したときのこと——
　その日、地元のカメラマンが、スティック状のビーフジャーキーを持って現場にやって来た。どうやら、地元の名産品らしい。スミタは何気なく声をかけた。「私の言ったとおりにやるって言ったら、このジャーキーを食べてもいいわよ！」。大きめのジャーキーをカメラマンの前でヒラヒラさせながら。
　もちろん、冗談のつもりだった。

　ところが驚いたことに、カメラマンはそれに乗ってきた。彼だけじゃない。現場にいた他の男性たちも、どうしたらビーフジャーキーにありつけるのかと食いついてきた。まるでスミタが秘密の暗号を解読したかのようだった。
「それまでは、男性の会話に入っていこうとしてもダメ。女性をネタにした会話をしてもダメ。かいがいしく世話を焼いてもダメ。何ひとつうまくいかなかったのに……」
　ある午後、我が家のリビングに座って、スミタはそのときのことを思い返した。
「かわい子ぶってみたり、逆にクールになってみたりもした。丸一日、ベジタリアンじゃないフリをしたこともあった。そのせいで、彼らが私を避けてるんじゃないかと思ったから。でも、結局はビーフジャーキーだったの。ビーフジャーキーが解決してくれたのよ」
　このなんとも謎めいた話からわかるのは、男性は、目の前に派手なご褒美をちらつかせさえすれば、ゴールデン・レトリバーよろしく調

教できる、ということだ……たぶん、ある程度は（あなたのオフィスの男性がベジタリアンでなければ、だけど）。

とにかく、大事なのは、どんな形であれ「女性が」上司になるのは障害物競走のようなものだということ。お決まりの迷路あり、地雷あり、いたるところに見えない落とし穴あり、なのだ。

「おいおい、あの女は二度も同じことを頼んだのか？　なんてしつこいんだ」「命令してきた？　ずいぶんとまた偉そうな女じゃないか」「声を荒げた？　絶対キレてるんだ、そうなったらもう抑えが効かないぞ」

それでも私たちは、うまくリーダーシップを発揮できるやり方を見つけなければならない。

女性らしくないとみなされるから、高圧的すぎるのもダメ。かといって女性らしさを前面に出しすぎるのもダメ。そうすると今度は、突然感情的になるだの、弱々しいだの、重大な決断を下せないだのと言われ、部下たちのコート持ちを頼まれ、いいようにこき使われるから。

それから、それから……

もしも、すべての女性が穏やかに話し、大きなビーフジャーキーを用意しておくことを知っていたら、おそらく今ごろはもう、革命が成功していただろう。でも、とりあえず──少なくとも、ドイツのビーフジャーキーがこの国にやってくるまでは、私たちにできる最善のことをしよう。そう、観察力を研ぎ澄まし、統計的に見てほぼ間違いなく直面するであろう罠やステレオタイプ、隠された偏見を見つけ出していくのだ（できれば、ビーフジャーキーの代わりになるものも用意してね）。

Part 3　思わぬ落とし穴

落とし穴
「女性の上司は最悪だ」

女性上司は「冷徹」というレッテルを貼られやすい。そんなことを言うのは、たいてい同僚か部下。彼ら（や彼女）は、なんであれ女性上司にはかなり批判的だ（し、厳しい）。なぜなら、彼女が女性だから。[*]　それだけじゃない。彼らは、女性の上司には母親の役割も求め、同時に親友であることも望み、権威があって、「なおかつ」優しさを持ってものごとを仕切ることを要求する。そのうえ、温かく包みこみつつ自分たちを指導し、サポートしてくれることも（おまけに、つねに美しくあることも！）。

女性上司の側も、相手が「女性」というだけで、男性部下より厳しく当たったりする。それは嘘じゃない。だけど、部下が女性上司に厳しい態度をとるというのも、統計的に間違いのない事実だ。なぜかって？　その上司が女性だからだ。

---

[*] 調査からも明らかだけど、女性の従業員は、女性のマネジャーに対して、男性マネジャーに対するのとは別の基準を課している。

対策

👊 先入観を捨てる

　最近の調査でも、性別や教育レベルにかかわらず、平均33パーセントもの人が「男性の上司のほうがいい」と答えている（やれやれ）。

　だが、この手のデータをもっとじっくり検証すれば、とんでもない但し書きに気づくはずだ。じつは、男性の上司のほうがいいと答えている人の大半は、実際に女性上司の下で働いたことが一度もないのだ。一方、女性上司と仕事をしたことがある人の多くは、女性の下で働くほうを望んでいた。

　そういうわけだから、仲間である女性の上司には積極的に手を差し伸べて、彼女の言動は少々大目に見てやろうじゃないの。

Part 3　思わぬ落とし穴

落とし穴
「不機嫌で、偉そうで、野心的すぎる」

2016年の初頭、「バーニー・サンダース」と「野心」でググったら、彼の「野心的なプラン」にまつわるたくさんの記事や、「医療保険制度改革案」に関する解説記事、そして、彼の専門家としての決断力を褒める記事がたくさんヒットした。

ところが、ヒラリー・クリントンについて同じようにネット検索すると、まったく反対の結果が画面に並んだ。100万件を超す件数のなかでトップにヒットしたのは、彼女が生まれたときからの「個人的な」野心に焦点をあてたものだった。いずれも「とどまるところを知ら」ず「冷酷」で、「病的」でさえあると評されている。まるで魅力がないと言わんばかりだった。

これこそまさに、女性と権力のジレンマだ。すなわち「女性が成功するには好かれなければならず、好かれるにはあまり成功してはならない」。多くの女性が、ヒラリーはリーダーとして立派にやっていけると知っていたが、有能であるがゆえに彼女は叩かれた。

人々の心の奥深く、無意識のレベルでは依然として、野心的な女性は容易に受け入れられない、という思いがある。そう思ってしまうのも無理はない。何百年にもわたって、「男性がすべてを率い、女性はそれをサポートする」という考えが、文化として深く浸透してきたのだから。

女性が「男性の」独壇場だった特徴を誇示するようになると（野心を持ったり、意見を主張したり、ときには攻撃的な行動をとったりするようになると）、その人のことを男勝りだの、全然女らしくないだのとみなし、好意を抱かなくなっていくのもそのせいなのだ。

野心的すぎる

ヒラリー・クリントン
大統領候補

裁判官席で威張りちらす

気難しい

ぶっきらぼう

ソニア・ソトマイヨール
最高裁判所判事

生意気で不機嫌

コンドリーザ・ライス
元国務長官

偉そうな頑固者

ルース・ギンズバーグ
最高裁判所判事

Part 3　思わぬ落とし穴

対策

✊ 「内なる偏見」に気づく

　私たちはみな（まさに1人残らず）、少しは人種差別や性差別をしている。学者が言うところの「無意識の偏見」だ。けれど、その内なる偏見を認めることができれば、それをチェックすることもできるはずだ。今度、野心いっぱいの女性に神経を逆なでされたら、自分にこう問いかけてみよう。「彼女が男性でも、やっぱり気にくわない？」

✊ 「温かさ」で勝負

　ハーバードの教授エイミー・カディの研究によって、「野心的すぎる」という言い草は、「温かさ」で負かすことができるとわかった。つまり、温かさがあれば、「野心的な女性は冷たく、権力欲が強い」という思いこみに対抗できるということ。法学者ジョーン・C・ウィリアムズはこれを「ジェンダー柔道」と表現する。友情やユーモア、共感、思いやりなどの行動と、攻撃性や野心の双方が組み合うという意味だ。考えてみると、世界で活躍するすぐれたリーダーのほとんどは、タフなだけでなく、心づかいやユーモアにも長けている。あなたも、この技をしっかり身につけよう。

✊ 女性の力を基準にする

　経済学者シルビア・アン・ヒューレットは、以前私に「女性の側に問題があるのではない」と言った。そのとおり。私たちはいまだに、男性の観点でリーダーシップを定義しているけど、それは間違っている。女性ならではの優しさ、野心、あるいはその両方を使って、女性も権力を手にしよう。野心を「女性の」特徴にして、ガラスの天井を少しずつ壊していこう。そして、トップへと続く道を切り開いたあかつきには、FFCの義務「他の女性も一緒に連れていく」を思い出そう。

落とし穴
「彼女、チームを引っ張っていくにはいい人すぎ」

エボニーは、選挙運動のインターンとして非の打ちどころのない女性だった。第一に、聡明だった。大学は3年で終え、クラスの首席で卒業した。第二に、献身的だった。すすんで残業し、ほかの人が仕事を終えられるよう手を貸した。さらに、しっかり者でもあり、事務所に立ち寄った有権者全員の名前を覚えていた。

なのに、選挙戦になり、インターンのなかからスタッフを雇うことになったとき、エボニーは選ばれなかった。選挙運動本部長は言った。「エボニーは『いい人すぎ』る。だからいいように使われてしまうんだ」

「いい人だから」という理由で、その人の能力を過小評価するなんて、「絶対に」すべきではない！ ところが相手が女性となると、私たちはつい、その人の秀でた部分を弱点としてとらえてしまいがちだ。女性がいい人だったり、単にいい人と「言われている」だけだったりしても、それならきっとその人は発言力がないんだとか、気まぐれだとか、騙されやすいとか決めてかかるのだ。

実際には、その人の能力に関してまったく何も知らないのに、だ。

Part 3　思わぬ落とし穴　151

対策

硬軟合わせ持つ

　女性が、人間としてのよい部分を強みとして活かすためには、いい人であると同時にタフでもあることが求められる。何か要求するときは、甘い衣で包みつつ、しっかり通す。命令したり、必要なことを耳ざわりのいい声で頼んだりする、というように。

　単なるオフィスのグチ聞き係になってはいけない。オフィスママ（91ページ）もしかり。あなたは、いい人でいながら、ものごとを通す達人になるべきだ。両立は必ずできる。

「褒め言葉」を変える

　あなたのボキャブラリーから「いい人」という言葉を削除しよう。ついでに女性を表現するときに使う、「温かみのある言葉」（「親切」「気がきく」「輪を保てる」など）も一緒に。

　女性はこうした言葉で表現される場合が多い。それ自体、悪いことではないけれど、これらの言葉は、その女性がさほど有能ではないという印象も与えてしまう——騙されやすく、チームを引っ張っていける力がないとみなされやすいのだ。

　だからこれからは、同僚の女性を好意的に言うときに、「男性を表現する」言葉を使ってみよう。「自主性がある」「自信に満ちている」「合理的だ」「公明正大だ」などというように。

REPEAT AFTER ME:
Just because I'm <u>NICE</u>
Don't assume I'm a
PUSHOVER
(NOW WRITE THAT DOWN AND TACK IT TO YOUR CUBICLE WALL)

さあ、言ってみよう。
私が「いい人」だからというだけで、騙されやすいと決めつけるな。
（ついでに、紙に書いて、あなたの作業スペースの壁に貼っておこう）

Part 3　思わぬ落とし穴

落とし穴
「エンジニアらしくない」

　22歳のソフトウェアエンジニア、アイシス・アンチャリー・ウェンガーがインターネット業界の厳しさを実感するのに、時間はかからなかった。2015年、ウェンガーは自分が勤める会社の求人広告に出るように言われた。「私のチームは素晴らしく、みんな聡明で、素敵で、底抜けに愉快です」。街中を走るバスに掲げられたその広告には、彼女の写真と一緒に、そんなコピーが入っていた。ところが、バスの通勤通学者たちは、彼女は本物のエンジニアにしては「綺麗すぎる」と思った。もしくは「女性らしすぎる」と。

　男女ともに見た目のいい人は、平均的な見た目の人よりたくさん稼ぐ、という事実はさんざん書き立てられるが、その一方で女性は、もうひとつの事実を変えられない……女性は結局、女性としか見られないのだ。男性が産業界を支配しているかぎり、この偏見は続くだろう。

対策

「自分は自分」を貫く

カナダの首相ジャスティン・トルドーはイケメンだが、だから彼が政治家失格だなんて思う人はいない。フェイスブックCEOのマーク・ザッカーバーグはさほどイケメンじゃないと言われるが、だから彼が350億もの財産を有しているのだと思う人もいない。

前ページで紹介したウェンガーは、「#私はエンジニアらしい」というハッシュタグをつくって行動を起こした。そのとき、賛同した何百人もの女性エンジニアが、「これこそエンジニア」というカードを持った自撮り写真を投稿したが、同じような写真は1枚としてなかった。

誰かから、「○○○らしくない」などと思われても、そんなものは無視すればいい。声をあげつづけよう。そのうちにみんな、あなたを見た目ではなく、発言や行動で判断するようになるはずだ。

Part 3　思わぬ落とし穴

9時からファスナーを下ろすまで
──オフィスでの女性の服装の変遷──
*色鉛筆はついていません。

ブラ
1970年代、下着メーカー「バリ」が「ソフトブラ」を売り出した。そのキャッチフレーズは「ブラをつけて別人に」。ブラ担当の重役のひとりが言ったように、これはある種の「胸への意識改革」だった。

ボックススーツ
肩パッドにスカーフタイが象徴的だった80年代の両性具有のボックススーツは、女性の体型カバーのためにデザインされたものだが、女性が出世の階段をのぼっていくための能力を妨げはしなかった。

ブルマー
女性郵便局長にして女性解放運動家でもあったアメリア・ブルーマーにちなんで名づけられたこの穿きもののおかげで、女性はいちだんと自由に動けるようになった。なにしろこれで、長くて重いスカートと、パリパリに糊のきいたペチコートを脱ぎ捨てることができたのだから。

キュロット

見た目も、穿いた感じもスカートなのに、じつは……パンツだ！　キュロットは、1900年代、当時大流行した自転車に乗れるように、ということで登場した（それまでの女性は、重さが9キロもあるフープスカートで自転車に乗っていた）。

パンツ

1973年まで、ホワイトハウスでは秘書官がパンツを穿くことは許されていなかった──エネルギー危機の影響で空調の設定温度が低くなり、職場がいちだんと冷えこむようになって初めて許されたのだ。

ミニスカート

ミニスカートの先駆け的な存在は、デザイナーのマリー・クヮントだと言われている。1960年代のスタイルは、「大胆、強気、セクシーであるべし」という言葉でも有名だ。

ロングスカート

ふくらはぎくらいまで丈のあるロングスカートは、1950年代、アウトドアでの食事が大好きだった郊外居住者たちの間で人気があった。ところが1960年代に通勤着として再登場したときには、大混乱が巻き起こった。ミニスカートから覗く足を眺める楽しみを台なしにされた男性陣から、不満の声があがったのだ。ある化粧品会社の重役は、長いスカートを穿いている女性は解雇すると脅した。また、ロングスカートの女性は州議会議事堂から追い出す、と宣言した南部の政治家もいた。

ハイヒール

もともと男性が履いていたヒールの靴（とくに目立ったのが、権威を示すものとして履いていたヨーロッパの上流階級の面々だ）を、女性が取り入れたのは1600年代初頭。権力を手にする手段としてだった（賢明な女性たち！）。

Part 3　思わぬ落とし穴　157

落とし穴
「やかましい！」

　アメリカにおける女性解放運動の最高の功績のひとつは、1920 年に批准された合衆国憲法修正第 19 条だろう。これによって、女性の投票権が認められたのだから。

　でも当時、婦人参政権に反対していたグループの代表（女性）はこう指摘した。「女性に投票権を与えることは、国の政策として口やかましさを公に認めることである[10]」

　考えてみると、100 年たってもなお、家庭でも公の場でも、「女性は口やかましい」という偏見があるのは興味深い。

　男性が、仕事で何か同じことを二度尋ねても、「ああ、それはきっと是が非でも聞かなきゃいけないからだ」としか思われない。ところが、女性が同じことをすると、とたんにやかましいと言われるのを何度耳にしてきたことだろう。

対策

✊ 本物の「口うるさい女」を探せ！

偏見じゃなく、本当に口うるさい女性を探そう。そして、周囲の関心をその人に移してもらえば（ついでに、しっかりチェックしてもらえば）、あなたが口うるさい女性などとは思われなくなるだろう。

✊ 要件チェックのしかたを変える

もうすでにメールは2通送った。オーケー。だったら次は、受話器を取って、その相手に電話をかけよう。相手が電話に出なければ、相手のデスクまで足を運ぼう。相手も、目の前に立つあなたを無視するのは難しいだろう。

✊ 毎日少しずつせっつく

覚えておいてほしい、誰かを少々せっついたからといってクビにされることはない、と（とくにそれが「あなたの仕事」なら）。だから、もしもすべきことをしていない人間がいて、クソいまいましい事態が生じたら、まずは締め切りを伝え、間に合わない場合どういうことになるかを示そう。そして、さっさと片づけるよう要求するのだ。

もしあなたが要求する立場になく、再度せっつくのは気がひけるなら、Part 6で論じる呪文を唱えよう。「こんなとき、男性ならどうする？」

Part 3　思わぬ落とし穴　159

落とし穴
「病んでる！」

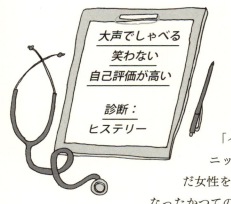

かつて「ヒステリー」とは、女性の「問題」のすべてをひっくるめた診断名だった——そう、不安神経症から不眠症や性欲喪失まで、ありとあらゆるものの説明に使われたのだ。

でも現代では、ヒステリーといえば、「イライラ」や「情緒不安定」「憂鬱」「パニック」といった症状を訴える、心を病んだ女性をさす。たとえば、電話をかけてこなくなったかつての女友だちに執拗な嫌がらせをする女性、仕事中にあれこれ言ってくる女性。あるいはティナ・フェイが言っていたような、ハリウッドによくいる「みんながもういい加減にしてって思ってるのに、いつまでもしゃべりつづける」女性。

そういう女性たちが、職場で「実際に」過度に感情的になっていることを裏づける確たる証拠はない。が、「女性の感情は男性のそれとは違う」とみなされていることを裏づける調査結果はある。

＊ 男性医師が、原始的なバイブレーターを使って、マニュアルどおりに女性に刺激を与えておしまい、といったケースもあった。まったく、とんだ「科学」だ！

対策

聞こえないフリをする

「深呼吸して落ち着こう」という言葉は、相手の女性が「落ち着いている」ときに言わないと効果がない。だから、今度、誰かがある女性をさして「イライラしている」と遠まわしに言ってきたら、聞こえないフリをして、こう言ってやろう。「えっ、なに？　よくわからないわ。説明してくれる？」。そうやって、「相手」に説明責任を負わせれば、相手は、しどろもどろになるはずだ。

「感情的」ではなく「情熱的」なのだと示す

調査からも明らかなように、女性が仕事で感情をあらわにすると、「ホルモンのバランスが悪い」と決めつけられるのに、男性だとその仕事に「熱心だ[11]」とみなされる。

そういうわけだから、あなたが感情を表すときには（ここで言う感情とは「生理中です」とか「オフィスで泣いてます」というやつじゃなくて、仕事に関する思いを理路整然と説明すること）、その感情の「理由」を説明しよう。「私が激怒しているのは、あなたがこのプロジェクトを台なしにしたからです」というように。あくまでも「仕事」に情熱的なのであって、感情的になっているのではないと示すのだ。

Part 3　思わぬ落とし穴

落とし穴
「なんでそんなにカッカしてるの？」

「怒れる黒人女性」という比喩は広く浸透している。黒人の女性はすぐに敵意をあらわにし、大声で怒鳴り、過剰にうぬぼれているという偏見だ。この手の偏見は、ポップカルチャー界にも、私たちのオフィスにも、政財界にさえある。

覚えているだろうか、アフリカ系アメリカ人女性のグループが「大騒ぎした」ために、ナパバレー・ワイントレインから下車させられた事件を[12]。あるいは、『ニューヨーク・タイムズ』に掲載された、テレビプロデューサーで脚本家のションダ・ライムズに関する記事の件。このときライターは、彼女の強烈な黒人女性としてのキャラクターを褒め讃えるべきかどうかわからず、悩んだ末に「いかにして怒れる黒人女性にならずにすんだか」というタイトルをつけた[13]。

この偏見の脅威は多種多様だ。もし、黒人女性たちがもうすでに「怒っている」とみなされれば、「より強烈な」罠、つまり男性なら報酬を得られる行為でペナルティを科されたりする。それはまた、その人に行動の修正を強要する。作家のフーダ・ハッサンは、バズフィードに寄稿した記事でこう説明している。「公の場に出る黒人女性として、私は過剰なまでに自分の行動、声のトーン、言葉を意識します。自分がやたらと怒っているように見えるのではないかという恐怖心からです」[14]

＊ 心理学者ロクサーヌ・ドノバンは実験で、白人大学生に対し、与えられた形容詞の一覧のなかから、一般的な黒人女性と一般的な白人女性を表現するものを選ぶよう指示した。その結果は……。「声がうるさい」「おしゃべり」「頑固」は、一方のグループにしか当てはまらなかった、とだけ言っておこう。[15]

対策

👊 記録は残す

　ライムズの件では、問題の記事を削除するよう多くの声があがった。だが本人は、それを記録として残しておくことを選んだ──歴史的な文書のひとつとして。「この世の中で、私たちはすべからく男女同権で、人種問題を超えた社会にいると思っている……（だが）私たちみんながとても進歩的だと思っている新聞に、女性に対する無頓着な人種的偏見や、常軌を逸した嫌悪感が記されているのを見れば、いやでもこの現実を思い出すだろう」。ライムズはそう言った。

👊 怒り以外で切り返す

　これはアマンドラ・ステンバーグのやり方だ。ツイッターで「怒りすぎ」と言われたこの十代の女優は、「私は揺るぎない意見を持ってるだけ。怒ってなんかいない」と返した。おそらく彼女が無意識のうちに使っていたテクニックは、法学者ジョーン・C・ウィリアムズが著書 "What Works for Women at Work" で勧めていたものだ。つまり、「どうしようもなく怒った女性」という偏見を相殺するために、怒り以外の感情で再構成するやり方だ（あるいは、理由を示したうえで、その感情が正当なものだと説明する）。

　ウィリアムズは「オフィスでは、どんな感情も、チームのビジネス上の目標に関連づけるべきだ」とアドバイスしている。だから、「なにをそんなにイラついているんだか」と言われたら、こう返そう。

　「イラついてなんかいないわ。私たちがやってる仕事の進み具合を心配してるの」

Part 3　思わぬ落とし穴　163

メンバー構成を見直す

　これはつまり、オフィスの有色人種の女性の数を「人口に比例」させること。有色人種の女性だけじゃない。あなたの職場は、多様な人が集まれば集まるほど、よくなっていく。そうなれば、すぐ「キレている」と言っていた人も、見方を変えるようになるだろう。

　そう、実際には、まるで「キレて」なんかいないことがわかるのだ。

落とし穴
「なんで笑わないの？」

　MSNBCテレビの司会者ジョー・スカボローは、予備選で勝利したあとのヒラリー・クリントンに、「笑えよ、最高の夜だったんだから」とツイートした。また、あるレポーターは、全米オープンで過酷な試合を終えたあとのセリーナ・ウィリアムズに、「試合に勝ったんですよ。ふつう、勝ったら笑うでしょう……どうかしたんですか？」と言った。

　女性は、日がな一日笑っていなければ「いけない」わけではない（そして、いつも嬉しそうにしていなければいけないわけでもない）。なのに、笑っていないと何かまずいことがあるに違いないという考えは、いつまでたってもなくならない（「怒ってるのかな？」「イラついてる？」「月経前症候群とか？」「それとも、自分の顔がふだんから怒ってるみたいに見えることを悩んでるだけ？」）。

対策

👊 コントふうに返す

彼：笑えって！
あなた：左右の口角に中指を当てたら……はい、そのままグッと上に持ちあげて！

Part 3　思わぬ落とし穴

指名手配

笑わない女性

笑わない女性
年齢：28
身長：165センチ
瞳の色：茶
顔つき：不機嫌そう

最後の目撃情報：
男性同僚をにらみ倒す姿
前科：
ふだんから怒って見える顔

この容疑者につながる
情報をお持ちの方は、
どんな些細なことでも
かまいませんので、
至急人事部まで
ご連絡ください。

落とし穴
「ふさわしくない応募者」

　働く女性は、自分と同レベルの男性の２倍懸命に働き、２倍有能さを発揮しなければ同等にすらみなされない。だが、これが有色人種の女性になると、状況はさらに厳しくなる。性と人種両方の重荷を背負った彼女たちは、３倍も４倍も５倍も不利だ。調査が示しているように、黒人、ヒスパニック、アジア系の女性たちは、同等の白人より「はるかに」野心を抱いているが、揃って閉塞感を感じている。[16]

　実際、彼女たちには「ドアを開ける前から」大きな壁が立ちはだかっている。たとえば「黒人ふうの名前」を持つ求職者は、白人ふうの名前を持つ求職者と同じ数の二次面接通知を手にするのに「８年」も余計にかかるのだ[17]（まったく同じ履歴書でも）。

対策

✊「正しい」比率にする

　上司の方々は、多様性を「謳う」だけでなく、実際に多様な人材を募るべきだ。審査の過程では求職者を匿名にすればもっといい。

　コメディアンのサマンサ・ビーが、自分が司会を務める深夜番組のスタッフ採用でこの方法をとったところ、スタッフの半数が女性、30パーセントが非白人になった。『アルマゲドン』や『スター・ウォーズ』を手がけた映画監督Ｊ・Ｊ・エイブラムスは、自身の製作会社では、脚本家も、監督も、俳優も、プロデューサーも、自国と同じ性と人種の比率で構成することを掲げている。その結果、女性が約半数、黒人12パーセント、ヒスパニック18パーセント、アジア系6パーセントになったという。「ふさわしくない応募者」なんて、もはや通用しないのだ。

Part 3　思わぬ落とし穴

落とし穴
「紅一点」

ときどき聞かれるの、いったいいつになったら十分だと思うのです
か、って。いつになったら、女性の判事は十分にいると言えるか——
9人全員よ。

　　　　　　　　　——ルース・ベーダー・ギンズバーグ（最高裁判所判事）

　オバマ政権下で働いていた、元ホワイトハウス副主席補佐官のナン
シー・アン・デパールとアリサ・マストロモナコは、自分たちのこと
を冗談で「スマーフェット症候群」と称した。スマーフェットという
のは、アニメーション映画『スマーフ』に登場するキャラクターで、
男性ばかりのスマーフ村にいる、手違いでつくられた唯一の女性スマ
ーフのことだ。[18]

　どの職場でも、紅一点として仕事をするのはかなり大変だ。調査で
も明らかなように、男性が大多数を占める場所に所属するごくかぎら
れた数の女性は、「それなりの影響」をもたらすことが求められるから
だ。つまり、彼女たちはあくまでも「ひとりの」女性として話してい
るにもかかわらず、周囲からは、「すべての」女性を代表して話してい
るかのように思われることがままあるということ。[19]

　これって、ものすごいプレッシャーじゃない？

対策

👊 アピール行動をしてみる

オフィス内を見まわしてほしい。女性は何人いる？　目標は、「少なくとも」3分の1は女性にすること。そうなれば、心理学の研究で言うところの「最小必要人数」にはなる。すると、女性の考えにも耳を傾けてもらいやすくなるし、個々の意見が、いちいち「その人の性」（あるいはその人の性と人種）全体を代弁しているかのようにみなされることも少なくなる。

忘れないで。アメリカの人口のうち、白人男性の割合は31パーセントにすぎないってことを。白人男性が部署内の大多数を占めるなんて状況は、本来不自然だってことを。

上司に直訴するのでもいいし、ほかの女性の履歴書を渡すのでもいい。あるいは、構成員のバランスがとれたオフィスのほうが明らかにいい理由（31ページを参照）をリストアップした紙を、こっそり貼り出すのでもいい。

とにかく、あなたにできることをしてみよう。そうやって、雇用主は環境改善のために何をすべきかをしっかり伝えていこう。

Part 3　思わぬ落とし穴

落とし穴
「どうやってメンターを見つけるの？」

自分に似たメンターを持つ必要はない。もし私が、黒人で、女性で、ソビエト通のメンターを望んでいたとしたら、いまだに待ちつづけていたでしょうね。

——コンドリーザ・ライス（元米国務長官）

　不利な立場からスタートする私たち女性にとって、メンター（自分のキャリアについてアドバイスしてくれる人）は、往々にして運命を左右する存在となる。でも、女性のためになるよきメンターはなかなかいない。理由のひとつは、「男性重役の3分の2が、年下の女性と1対1で会うことに気後れするから」だ[20]（もちろん、あらぬ誤解を招きかねないからだ）。そしてもうひとつは、女性は女性のメンターを求めたがるから。気持ちはわかるけど、私たちの大半は、ほぼ男性が仕切っている場所で働いていることを忘れちゃいけない。

対策

PBOD（あなただけの取締役）

　誰しも、いきなり職場でよきメンターに「出くわす」わけではない。メンターとの関係は、時間をかけて少しずつ築いていくものだ。

　そこで提案。みんなで互いのメンターになるのはどうだろう？　1人が1人のPBOD（Personal Board of Directors＝あなただけの取締役）を持って、互いの決断を支え合い、窮地には手を差しのべ合えば、メンターにふさわしい特別な人をわざわざ探さなくてもすむ。それに、メンターのようにかしこまって頼む必要もない。さあ、このアドバイスをどんどん広めて、ついでに何かお返しをしてもらおう！

女性が求めるPBOD
助言やちょっとしたアドバイスをもらおう

お見合い掲示板

♡ ぴったりの相手　1
💬 メッセージ　0
👥 ゲスト　3
⭐ 今すぐヘルプ　1
📅 イベント

ジェシカ
34歳　ニューヨーク州
ブルックリン在住
ジャーナリスト

希望：
女性または男性
年齢　18〜100
距離　約3000キロ以内
肩肘張らない、専門的なアドバイスを希望

機会均等主義者です
人種、性的指向、性別による多様性を求めます。年齢不問。

友だちを探しているわけではありません
多様な専門的話題について、真面目なアドバイスをくれる人限定。

独占できません
私のPBODはあなた以外にもいることを承知しておいてください。

関係の明確化
婚約指輪をつけてほしいわけではありません。ただ、不定期にアドバイスをしてもらうのはオーケーかどうか教えてもらえると嬉しいです。

幽霊にはならないで
連絡を取り合うことが大事。

お互いさまの精神
恩返しをしたいです——あなたが私の手を必要とするときは駆けつけます。PBODはメンターと違って、互いにアドバイスをし合うことがままあります。

プライバシーの詮索はなし
節度を守った関係を続けましょう、ね？

Part 3　思わぬ落とし穴

落とし穴
「彼女ってメチャ噂好き」

　たしかに、女性は自動販売機の前や休憩室に集まってはひそひそ話をする。仕事以外のことで話に花を咲かせていることも、まあ、よくある。だけど、これは悪いことではない。だって、人づきあいはキャリアを築いていく基本でしょ。

　それなのに女性は、職場での「口数の多さ」で減給される。どうやら傍目には、女性のおしゃべりには「真面目な内容」があまりない（もしくは、いまにも口喧嘩が始まりそうだ）と見えるらしい。だからオフィスでは、よく電話をする（あるいは冷水器の周りに集まる）といった無害な行為でさえ、それが女性だと、「噂話をしている」と言われることがままあるのだ。

対策

＊　実際には男性のほうがはるかに口数が多いのに、皮肉な話だ。

落とし穴
「私って『女の典型』なの？」

　あなたが雇われたのは、「多様性」の実現をこれ見よがしに掲げる会社。でもあなたは、チーム内にはほんの数人しかいない女性のひとりにすぎない。毎日毎日、あなたは白人男性で占められた部署で働く。彼らは、廊下ですれ違いざまにしょっちゅう、プロジェクトの手伝いを頼んでくる。あなたは不意に、自分がヘンな目でジロジロ見られているような気がしてくる。なぜならあなたは、その部署でただひとりの「異質な」存在だから。

　ある日、その中のひとりがあなたの仕事を尋ねる。別の人は、知ってか知らずか「出身は？」と聞いてくる。圧力は増し、あなたは後悔しはじめる。腹が立ち、むしゃくしゃする。不安もある。どうしても失敗は許されない、そうでないと、やっぱりねと言われるのは目に見えているから。なんとしても、「非の打ちどころのない」存在でいなければ……。

　だがやがて、些細なミスをし、そこからどんどん悪循環に陥っていく。よくあるストックホルム症候群（訳注：誘拐されたり監禁されたりした被害者が、犯人と長くすごすうちに、犯人に共感を抱くようになること）のようだが、もっとタチが悪い。詐欺師症候群[23]（125〜127 ページ参照）も併発しているからだ。その結果、自分は最悪の「女の典型」だと決めつけ、その恐怖からもっとマズイ行動をとってしまう。そのうえさらに、現実の性差別や人種差別もついてまわるのだ（そう、女性とマイノリティは間違いなく、より高い基準に縛られている——彼女たちのミスは目ざとく見つけられ、容易に忘れてもらえない[24]）。

Part 3　思わぬ落とし穴　173

対策

👊 「事実」で「偏見」に勝つ

　本気で多様性を謳うチームは、もっと有益で、もっと生産性が高く、もっと協力的である。これは推測ではなく、科学だ。つまり、あなたがいることでチーム全体を高めていける。あなたは「偏見」ではなくつねに「事実」で武装しよう。

👊 自分の素晴らしさを再認識する

　あなたが不当に肯定の言葉から遠ざけられているときはとくに、これをやってみてほしい。やり方はふたつ。

　ひとつは、「自分を肯定する言葉」を書き出していく方法。これだけで自信が深まり、パフォーマンスが向上していく。

　もうひとつは、「自分の成功体験を書く」方法。自信がなくなってきたなと思うたびに、これを見返すといい。

　なにより大事なのは、「自分はとんでもなく素晴らしいことを成し遂げたんだ」と自覚することだ。そうやって、否定的な心の声を吹き飛ばすのだ！（私の友人で、キャリアコーチをしているターニャ・ターの言葉をどうぞ。「否定的な声は、あなたに家賃を払ってくれない。そんなクソったれのタカリ屋なんか、とっとと追い出そう」）。

尊敬する女性の写真を携帯する

手本となる女性の写真を1枚から数枚、つねに持っておこう。そして、気持ちがへこんだときに取り出して見よう。なにも財布からしわくちゃの写真を引っ張り出す必要はない。携帯に保存しておけば十分だ。それを、たとえば大きな会議に臨む前や、不安にさいなまれそうなイベントの直前に見る。このひと工夫だけで、自信を持って、公の場で話したりパフォーマンスしたりできるから不思議だ。[25]

男性からの過小評価を逆手にとる

あなたの才能を鼻で笑うやつがいたら、誰であれそれを逆手にとってやろう。男性陣がのんびり座って一息ついている間に、割り当てられた仕事を見事にこなし、交渉を成功させ、知性を駆使して敵に大差をつけるのだ。

そのうえで、大量破壊兵器を用意して椅子に座り、くるりとまわって「ドッカーン」と投げつけてやろう。

ちなみに、あなたが見事に成し遂げた仕事はすべて、きちんと記録しておくこと。あなたが準備万端整えて昇進を求めた際に上司が躊躇したときに、その記録をメールに添付して送りつけることができるから。件名は「女はやるときゃやる」なんてどう？

落とし穴
「彼女、おばさんだし」

　ある女性が言った。「女として、歳をとることをどう思うかって山ほど聞かれるわ。たとえばね、いったいどうやってタクシーを拾うんだって聞かれたの。年をとると……『透明』になるの？」

　世間では依然として、女性が性的な対象として見られている。職場でも、美しいことがプラスになる（女性にとっても男性にとっても）。そして、美しさに求められるひとつの基準が「若さ」だ（多くの人がボトックスに大金をつぎこむ理由がほかにあるだろうか）。

　年齢への偏見は、男性と女性、どちらにもマイナスの影響をおよぼすけれど、より影響を受けるのは女性のほうだ（ほら、白髪になっても男性は「気品がある」とみなされるのに、女性はただのおばさんでしょ？）。だから、男優なら一番輝いているのが46歳なのに、女優は30歳で一線から退かされる[26]。

　そんなわけで、採用担当者たちでさえあけすけに言う。「能力はあっても老けて見える応募者は採用をためらう」と（応募者が女性ならなおさら[27]）。かつてスタンフォードの法律学の教授デボラ・ロードが言ったように、だから女性は「絶えず自分の見た目を気にするのみならず、気にすることをも気にする」のだ。

ACT MY AGE? 歳相応にしろ？

WHAT THE FUCK IS THAT,

'ACT MY AGE'

いったいなんだってのよ、
その「歳相応にする」って

WHAT DO I CARE HOW
OLD I AM? 私の歳なんて
どうだっていいでしょ。

THE OCEAN IS OLD AS FUCK

IT WILL STILL DROWN YOUR ASS WITH VIGOR

海なんて、どーしようもなく歳とってるじゃない。
なのにいまだに元気で、あんたなんかすぐに飲みこまれるでしょ。

Part 3　思わぬ落とし穴

対策

👊 たわ言に耳を貸さない

あなたの会社では、「線引き」がされている？ エイミー・シューマーの寸劇"Last Fuckable Day（女としての最後の日）"では、ティナ・フェイとジュリア・ルイス＝ドレイファスとパトリシア・アークェットの3人が、ジュリアの「ヴァギナの葬儀」を執り行なう（つまり、閉経したら女としても人間としても終わりってこと）。もちろんパロディだけど、私たちが年配の女性をどう扱っているかがよくわかるシーンだ。

20代ならいざ知らず、私たちはもはや溶けかけたビッグサイズのアイスクリームをを一気に流しこむことも、いまさら陰毛を手入れすることも、沈みゆく夕日に向かってボートを漕いでいくことも難しい。性に起因する年齢の差別を簡単にかわす方法はなく、この手の差別はとても根深い問題だけに、ダメージも大きい。

でも、歳を重ねるのは悪いことばかりじゃない。たとえば、若いときより自信が増してくる。これはたぶん、他人の顔色をうかがうことから解放されるからだろうね。

落とし穴
「ガラスの崖から落っこちる」

　カーリー・フィオリーナは、ハイテクバブル崩壊直前に、ヒューレット・パッカードのCEOになった。アン・マルケイヒーは、ちょうど証券取引委員会による調査が行なわれているときに、ゼロックス初の女性CEOの座に就いた。つまり2人とも、会社が大変な事態に陥ったときに大きな責任を負わされた。そして、彼女たちが失敗すると、（状況からいって失敗はほぼ不可避だったのに）、それはすべて「彼女たち」のせいにされた。

　これが、いわゆる「ガラスの崖」だ。組織が問題を抱えているときに女性や有色人種をリーダーにし、問題を解決できなければ批判し、失墜させるのだ（しかも、その批判や引きずり下ろしは、彼らと同等の能力を有する白人男性に比べると、ずっと短期間のうちに、ずっとひんぱんに見られる[28]）。

　ふつう、ガラスの崖といえば女性重役を連想するけど、実際には、もっと若い女性社員が直面することもよくある。店員がランチのオーダーを理解できず、みんなが空腹でイライラしてきたら……女性に何かつくってもらおう！　マーケティングの報告書がぐちゃぐちゃだったら……女性のところへ持ちこめ！　というように。

　救いは、私たち女性が案外尻ぬぐいに長けているってことだ（でしょ？）。私たちはせめて、たとえ仕事がうまくこなせなくても（アチャー）、男性のように何かのせいにせず、自分で責任をとって解決していこう。

Part 3　思わぬ落とし穴

対策

👊 周到に準備し、受けて立つ

バスの乗客ではなく運転手になろう。つまり、自分の受け持っている範囲内で起こる過ちは、自分で責任をとろう。とはいえ、管轄外のことまで責任をとる必要はない。

調査からも明らかなように、女性はとかく責められる。何か問題が起こると、同レベルの能力の男性よりも厳しい判断をされ、責任をとるとやっと「きちんと仕事をしている」とみなされるのだ。なぜなら、私たちが女性だから。[29]

でも、簡単に負けちゃダメ。まず、仕事を受ける前に交渉して、評価の基準を明確にしておくこと。そうすれば、あなたが何を求められているのかが「正確に」わかる。細かな証拠もきちんと残しておこう。メモもデータもメールもだ。いざというときにそれを出せば、何が起こったか、「事実」を話すことができる。

もうひとつ大事なことがある。それは「問題はあなたではなく、前任者にあったかもしれない」ということだ（これを、元ニュージャージー州知事のクリス・クリスティ流に言うなら「いまが悪いの？　なら私の前任者の状況を見てよ。もっと悪かったでしょ」となる）。

いずれにしても、より客観性が高く、数量化も可能なデータを集めれば集めるほど、よりよい自己防衛ができる。失敗したときにもそれを活かして、問題の解決に専念しよう。「いい、これが起こったことで、これがその理由、そしてこれが解決法」というように。

大人の女は泣かない？
そういう歌は、間違いなく男が書いた

新しいルールよ。職場で泣いてもいい――ていうか、職場で泣かなきゃダメ。要するに「あなたの涙にも仕事をしてもらう」って考えてほしいの。だいたい、あなたは毎日頑張って働いてるんだもの、女の武器を駆使しなきゃ。あなたには、絶対それが必要よ。
　　　　――ジル・ソロウェイ（ドラマ『トランスペアレント』クリエイター）

　以下に挙げるのは、私が最近泣いた場所。

- ベッドの中（おなじみでしょ）。
- オフィスの共同トイレ（床にしゃがみこんで）。
- むちゃくちゃおしっこくさい公衆電話ボックスの中。
- メイクしようとした鏡の前（だけど、マスカラを塗るたびに涙が流れてきて、顔中黒い筋まみれになった。おかげで謎めいてセクシーな感じにはなったけど）。
- YouTubeの動画を見ながら（あとで気づいたんだけど、それって、マイクロソフトの自社宣伝動画だった。で、さらに落ちこんだ）。
- 公共交通機関（飛行機、車、列車、地下鉄、バス、タクシー。ついでに、歩いてるときや自転車に乗っているときも）。
- かかりつけのセラピストのオフィスを出たところ（でも、その隣が性病クリニックだから、そこで泣くのって、いつもものすごい公式声明を発表してるような気がしてくる）。

Part 3　思わぬ落とし穴

● シャワールームの床に座りこんで（陶磁器の床にじかに触れたら、ひどい膣感染症かなんかになるんじゃないかって心配しながら）。

　もともと私はよく泣くタイプみたいだし（彼氏と別れるときも修羅場）、プロのジャーナリストでもあったので、いつからか、泣くことに関して気づいたことをすべて記録するようになった。
　たとえば、どこなら人前でも泣けるのか。そのとき、周囲の人は泣いている人をジロジロ見るのか。社会的に、泣いても問題なさそうな場所はどこか。それから、泣くことの歴史（感情的な涙を流す生き物は人間だけだって知ってた？）。そしてもちろん、職場で女性が泣いてもいいのかという、永遠に答えの出ない議論についても。
　最後のテーマに関しては、周囲からアドバイスをもらうことが本当にたくさんある。推測の域を出ないものが大半で、データの裏づけがあるものはほとんどないけど、言われることは十中八九同じ。「救いようのないバカだと思われたくないなら、泣くのはやめろ」
　「職場で泣いたりしようものなら、すべての権力を手放すことになるわね」と言ったのは、テレビキャスターのミカ・ブルゼジンスキーだ。彼女は 2014 年、CBS をクビになったときに泣いたと『ハフィントンポスト』に書かれた。元全米ガールスカウト連盟 CEO フランシス・ヘッセルバインもこう言っている。「涙は家族にしか見せないものよ」

　でも、本当にそうだろうか。
　歴史をひもとけば、「男性が」泣くのは、社会的に受け入れられていたことがわかる。宗教にまつわる涙、英雄の涙、そして強い愛国心を表す涙（イギリス議会議員たちは、スピーチもまともにできないほど泣いたと言われている）。
　ところが、「女性の」涙となると、とたんに問題視される。人を操るためだと言われることもある（古代ローマの作家プブリリウス・シュルスは、「女性は、より巧みに騙すための涙の流し方を知っている」と

言った）。女性の武器庫に溜めこんだ、女の策略に使う道具とみなされることもある（「女は宝石のように涙をまとう」っていうことわざもあるしね）。あるいは、権力のプレッシャーに対処できないしるしと称されることもある。

　今日でも女は、泣くたびに弱々しいと言われたり、知性とビジネス上の才能が感情で曇らされる、などと批判される。だからと言って、何か悲しいことがあったときに泣かないと、今度は冷酷無比な女呼ばわりだ（まったく、もうっ！）。どこかその中間にうまくはまればいいんだけど。

　じつは、ヒラリー・クリントンが「一度だけ」これを成し遂げたことがある。2008 年、ニューハンプシャーで、どうやって持ちこたえているのかと聞かれた際に涙ぐみ、結果、その州で勝利を収めたのだ。複数の評論家が、このときの勝利は、感情をあらわにしたのがヒラリー「らしからぬ」行動だったからだと考えている。

　ただ、これはラッキーだっただけだ。ヒラリーはあのとき、女性の涙が「社会的に許容される」ギリギリのライン（これは実際に研究されている）にたまたまいて、しかも、自分らしさから逸脱することがなかった。だからこそ、ほぼ不可能に近かった勝利を手にすることができたのだ。

　彼女は涙ぐみはしたけれど、すすり泣きはしなかった。流した涙は1粒か2粒だけだった。ふだんのヒラリーは、集会だの勤務評定の場などでは決して泣かなかった（ヒューッ！）。差し迫った仕事のプレッシャー（や、同僚からの反対）を前にして、感情を爆発させることもなかった。

　でも、ふつうはこんなふうに、ちょうどいい具合にうまくはやれない。だからこそ、「こうすれば涙が止まる」といわれるアドバイスが山ほどあるのだ。

Part 3　思わぬ落とし穴

顎を突き出す、ガムを噛む、水を飲む、つねる（ほんと？）、果ては腕立て伏せといったものまで。結局はトイレに走るか、階段の踊り場にしゃがみこむことになるんだけど。もしくは、サングラスをかけたり、雨に打たれたフリをしたりね。アレルギーのせいにするっていうのもある。それから、ちょっと外に出て、私の友人アルフィアが言うところの「目をパチパチする」も（超高速で）。

そして、何事もなかったような顔でオフィスに戻っていくのだ。

でも、私は言いたい――ときには大胆にいこう。思い切って泣こう。

そう、泣いたってかまわない。誰だって、ときには泣きたくなることがあるのだから。泣けば気持ちがスッキリする。私たちは立派なお尻をした大人の女性で、プロで、誰に恥じることのない仕事をしているけど、みんな絶対に、トイレにこもって泣いたことがあるはずだ。[*]

私たち女性が泣くのは、それがプラスになるからだ。泣けばコレステロール値が下がり、血圧を下げる一助になり、免疫システムの働きをアップさせることができる。そしてもちろん、気分もよくなる。

私たち女性が泣くのは、「女の子はよく泣く」ということが文化的に浸透しているからだ。幼いころは、男の子も女の子も同じように泣くけど、男の子たちは、泣いては「いけない」と学んでいく。そして、だんだん泣かなくなっていくものだと信じこまされている。

とにかく、私たち女性はよく泣く。ウィリアム・フレイは涙研究家だが（ほんとだってば！）、彼によれば、女性は男性の4倍も泣くそうだ。平均して月に5回。1回に泣く時間も女性のほうが長い。女性が泣くのは、私たちの涙管のほうが解剖学的に短くて、すぐにあふれて

---

* 友人のヒラリー・バックホルツから聞いた、パイロット番組のアイデア。企業のオフィスにあるトイレの個室で催される、オプラ・ウィンフリー・ショーもどきのトーク番組。事前の出演依頼は必要なし――いつでもトイレに行けば、便座（それもたいていは障害者用トイレ）に座って泣きじゃくっている女性がいるから。ヒラリーは絶賛求職中。

くるからでもある。そのせいで、女性の涙は「目に溜まりやすい」[34]（涙をこらえるのがやたらと大変なのも、これが一因かも）。

　そしてもちろん、私たち女性が泣くのは、泣くことでストレスを発散しているから。そうしないと、仕事でストレスが溜まるから。ストレスが溜まるのは、「男性」がストレスを溜めては女性に「怒る」から。残念ながら、この点について論文を書く人はいないけど。

　とにかく、そう、だから、泣こう！　それも人前で！　そのためにぴったりの場所を、次ページにいくつか挙げておいたから参考にして。

Part 3　思わぬ落とし穴

FFCが考える
人前で泣くためのベストスポット

パレード

LGBTプライド・パレード。感謝祭パレード。独立記念日やプエルトリカンデーのパレード。「どれだっていいの。サングラスをして道路脇で眺めながら、そっと涙をぬぐうのよ」。これはFFC設立メンバー、サラ・ジェインの言葉だ。通勤時にたまたま通りかかったら、あなたも試してみて。

公共交通機関

「とくにロマンチックな感じなのは飛行機だけど、列車もいいよね」と友人のひとりは言う。「6年つきあってた男と別れてすぐ、ニュージャージー・トランジットの列車に飛び乗って、泣きじゃくった。もう息もできないくらいにね。だけど、誰にも気づかれさえしなかったわ！」

ジム

ジムでは涙がふんだんに流れている。涙を流しやすい演出もバッチリだ。「私のクラスでは、四つんばいになった生徒さんたちが泣いてた」。ファッション業界からフィットネス・インストラクターに転身したタリン・トゥミーはそう言った。「どこでもそうよ」。あなたもランニングマシンで走りながら、あるいは暗闇フィットネスで、胸も張りさけんばかりに泣こう。

ヨガ（もっといいのはホットヨガ）

「股関節をしっかり開けば、感情を呼び覚ませるの。感情的な問題はすべて股関節に集まるって、ヨガをやってる人たちは信じてる」と、ヨガインス

トラクターのクリスティン・エスポジトは言う。で、もしホットヨガなら？もっといい。目からはもう汗が流れているのだから。

公共の記念碑

自分のデスクから歩いていける距離にあるなら、そこは、強い愛国心ゆえに、ひたすら悲しみに打ちひしがれているフリができる、最高の場所だ。*

自分の車

「ロサンゼルスみたいな車社会に住んでる人たちが本当にうらやましい。だって、みんなが夢見ている、泣きながらの『405号線ドライブ』が楽しめるんだもの」。そう言うのは、ブログ"the NYC Crying Guide"の管理人ケリー・オブライエンだ。このブログではまさにタイトルどおり、ニューヨーク市内で泣ける場所を紹介している（まだ知らないなら、すぐにチェックして。アドレスは cryingnewyork.tumblr.com）。

シャワーを浴びながら

泣く場所としては最もロマンチックかもしれない。まあ、どうしても人前で泣きたいなら別だけど、ここなら、かなり感情を爆発させても大丈夫。最終的には、あなたの苦しい思いを集めてアルバムをつくろう。

---

* ただし、あなたがその足元で涙を流す記念碑は、男性を顕彰したものである場合が多々ある。アメリカの場合、2011年現在、屋外にある公共の記念碑は5193。そのうち女性を顕彰したものはわずかに394。8パーセントにも満たない。

Part 3　思わぬ落とし穴

Part **4**

自分の言葉で
話す

「とんでもない」しゃべり方を
しないために

ニューヨークで、スピーチのワークショップを主催しているビル・フーグタープがある日、その休憩中に私に言った。「ドリンクゲームをしよう」。私がペプシを選ぶと、彼はまずそれをグラスに半分注ぎ、残りの半分は水で満たした。「どうぞ」。渡されたものを飲むと……うっ、気が抜けてる。思わず言った。「まずい」
　すると、ビルが説明した。「多くの人は、話をするときに『あの〜』とか『その〜』とか無意味な言葉をちりばめるけど、それってじつは話を水で薄めたペプシみたいにするんだよ」。つまり、そういう言葉が話の内容を薄めてしまうのだ、と。
　で、そのあとの15分間、私が無意味な言葉――「あの」「ほら」「まあ」「そう」「すっごく」「ほんとに」「だから」など（言い換えれば、私のボキャブラリー全部！）を口にするたびに、そのまずいペプシを飲まされることになった。
　「面白そうだけど、うーん……」。「はい、アウト！」（意味のない言葉は「うーん」）。「ちょっと、何が意味のない言葉か……」。「はい、アウト！」（意味のない言葉は「ちょっと」）。「ああ、もうっ、これじゃまるで……」。さらに一杯飲む羽目になる前に、私は自分を抑えた。
　ビルいわく、コミュニケーションを向上させるためにできる最も効果的な方法が、こうした無意味な言葉を取り除くこと。「ミーティングの時間も半分にできるしね」と彼は言った。

　ビルは、"Own the Room（場を制す）"という団体の創設者で、モリー・リングウォルド（女優）、メロディ・ホブソン（ドリームワークス・ア

ニメーション取締役会長）、シェリル・サンドバーグといった著名人たちにも指導をしている。元エンジニアの妻とこの団体を立ちあげて以来、彼は世界中を飛びまわり、何百もの国際企業で働く男女のためにワークショップを行なってきた。

とはいえ、キャリアの初めからスピーチに重きを置いていたわけではない。当初はむしろ行動重視派だった。それが変わったのは、自分の声（そしてメッセージ）をよりよく伝える方法を学べば、いちだんと強い印象を与えることができると気づいたからだ。

> **お忙しいところ申し訳ありません。わざわざ言うようなことでもないかとは思いますが、私としてはまず間違いないと思うことがありまして、つまり、柔和な女性は滅多に歴史的偉業を成し遂げない、ということなのです。**
> **──ローレル・タッチャー・ウルリック（歴史家）**

ドリンクゲームをした私は、自分のスピーチを見てほしいとビルに頼んだ。ビルはうなずくと、まず私が自分の仕事の内容を説明している様子をスマートフォンに録画した。そしてそれをじっくり見たあと、今度は私と一緒に見た。

「正直なバージョンと、容赦なく正直なバージョン、どっちがいい？」。そうビルに聞かれた私は、容赦ないほうをお願いした。

「マイクロポーズはじつに上手だ」（めちゃ嬉しいけど、マイクロポーズって何？（訳注：小休止のこと））。「音量調節はほぼまったくできていないけど、スピード調節はいいね。でも、文末をあげるしゃべり方はやめること。高圧的なしゃべり方もダメだ」

そこまで言うと、ビルはいったん口をつぐみ、こう続けた。「何が問題か、知りたいかい？」

「えっと……『イエス』よ」。またしても無意味な言葉を口にする私。

「君の問題は、サイドブレーキを引いたままフェラーリを運転してい

Part 4　自分の言葉で話す 191

ることだよ。君は、自分が思っている以上にもっと力を発揮できる」

　ビルの言うとおりだ。無意味な言葉を省けば、自分の言いたいことをもっと力強く簡潔に伝えることができるはず。だけど、私は自分の話し方が「嫌いではない」。それでも変えなきゃいけないの？　「ビジネス上の基準」に合っていないというだけの理由で？

　ビルは、女性の話し方に対して、声が高いだの低いだの、すみませんばかりだの、文章がブチブチ切れるだのと文句を言っては気晴らしする人とはまったく違う。彼は、喉の開き方や口内でもっと共鳴させる方法、無意味な言葉の省き方、信頼を増し、真剣さを感じさせるための空間やボディランゲージの使い方を徹底的に教える。すべては効果的にメッセージを伝えるためだ。

　ただ、女性のスピーチとなると、但し書きがつく。「理想的」とみなされているスピーチは、必ずしも女性の実際の話し方とは一致しない。だから女性は、早口になると自信がなさそうだと言われ、「あの」とか「その」といった言葉はもう使うなと言われる。キンキンした声を出さないようにとか、練習すべきだとか、「自分にぴったりの話し声」を見つけられるよう研究しろとも言われる。

　でも、本当は私たちがもう、「理想的な話し方」を見つけていたとしたら？

　実際、言語学者たちも言うように、男女のスピーチパターンには違いがある。一般に、女性は男性よりもイントネーションが多彩だ。また、ある種の言葉をいちだんと強調するし、より個人的な話題について話をする。職場では、男性のコミュニケーションが命令型（「これは僕たちがしなければいけないことだ」「もっと向上しなければならな

い」）なのに対して、女性のそれは嘆願型だ（「考えがあるんですけど、できれば検討してもらえないかと思いまして」）。あるいは、自分のアイデアを質問ふうの言いまわしで表現することもある（「このアプローチなんですけど、どう思いますか？」）。

　女性の特徴はまだある。昔から「人気のある」はやり言葉をつくりだしてきたのは、たいてい女性だ。新語を生み出したり、言葉の響きで遊んだり、仲間内で通じる省略言葉を考え出したり（「LOLed」（訳注：爆笑）なんて言葉を最初に思いついたのは、絶対男性じゃなかったはず）。なのに、「職場での」リーダーシップや権力にふさわしいとされるのは、男性ふうのスピーチ（簡単明瞭、単刀直入、自信満々）だ。

　だから職場では、女性は往々にして、「理想的」なスピーチに自分たちの言葉を順応させられないでいる。そして、「女性のスピーチは中途半端で、要領を得ない」とみなされてしまう。ときには、信頼性に欠けるとも言われる。マーガレット・サッチャーが、スピーチの際に「けたたましさ」を感じさせないよう、ボイストレーナーを雇ったのも当然だろう。

　でも、ちょっと待って。

　女性には適応能力があるけど、「過度に」合わせる必要はないんじゃない？　言語学者デボラ・タネンも、著書『どうして男は、そんな言い方　なんで女は、あんな話し方』（講談社）で述べているように、女性は、男性と同じような話し方をしようとすると否定的な反応をされるけど、「すみません」といった言葉を組み入れるだけで、その状況を改善できる。まさに「あちらを立てればこちらが立たず」なのだ。

　タネンはこうも書いている──することなすこと間違っていると言われつづけていたら、その人はいったいどうやって自信を保っていられるのだろう。

　となると、私たちとしてはダブルスタンダードを貫くしかなさそうだ。つまり、男性陣が大声で話そうとしているときは穏やかに話す。申し訳なさそうな言葉をはさみつつ、遠慮がちなトーンを維持し、「私

Part 4　自分の言葉で話す　193

が思うに」といった言葉は避け、つねに温かみのある口調でスピーチをするのだ。どう、簡単でしょ!?

　まあ、結局のところ正しい話し方なんてものはない。自分らしく思われたいならとくに。ただ、よくある「言葉のトリップワイヤー（訳注：人をつまずかせるために地面にしかけるワイヤーのこと）」には気をつけなくちゃいけない。だから、その典型例をいくつか紹介しておくことにする。

　このワイヤーに近づくときは、くれぐれも慎重に。

注意したい話し方
やたらめったら謝る

ある日の私の「馬鹿げた謝罪」のリスト

- **「すみません、これラテだったんだけど」**　地元のコーヒーショップ
  で、バリスタに対して言ったセリフ。このバリスタはいつも私の注文
  を間違えるけど、私はいつも彼にチップを渡す。そしてまた間違った
  飲み物を渡されて、仕方なくまた、その間違いを指摘する。
- **「まあ、大変、本当にごめんなさい！」**　通りを歩いていて、ぶつか
  ってきた男性に。おかげで、くだんのコーヒーがこぼれてしまった。
- **「ちっともまとまらなくて、悪いわね」**　コーヒーを買ったあとで会
  った同僚みたいな人に。スケジュールを組み直さなければならなくな
  ったからだけど、本当はこれっぽっちも悪いなんて思ってなかった。

　私の友人で、『ママが絶対教えてくれなかったこと』というポッドキ
ャストのホストをしているクリスティン・コンガーが、最近、しみじ
みこう言った。「カレがつくってくれた料理が焦げてたんだけど、その
せいで、私がカレに謝ったのよ。で、その途中で、自分のこの『謝り
癖』はよくないって気づいたの」
　これは、「女性と謝罪」についてのコラムを書こうと思っていた私が、
「考えなしに謝ってしまったことはある？」と聞いたときの答えだ。私
はこの話を別の友人にメールで送った。「女性と『ごめんなさい』の関
係って、いったいどうなってるんだと思う？」と書き添えて。すると、
「ごめん、返信が遅くなって」と返信がきた。わずか45分後だったの
に——。
　その昔、「ごめんなさい」という言葉は、誰かが「本当に」悪いと思
ったときにしか使われなかった。あなたが黙って借りてきたとか、お

Part 4　自分の言葉で話す　195

ろしたての白いシルクの服にワインをこぼしたとか、母親の車に傷をつけたとか、仕事でどうしようもない大失敗をしたとか……。

　それが今では、どこでもいつでも耳にする。単に間を埋めるため、直接的な表現を避けるため、話をさえぎるため、不快感を与えることなく丁寧に頼むために、「すみません」だの「ごめんなさい」だのと口にするのだ。

　私たちは、謝罪の言葉ひとつきちんと使えないのだろうか。

　たしかに「ごめんなさい」が効果を発揮するケースはたくさんある。けれど、あなたが話をする相手が、怒りっぽい一個人ではなく、会議室を埋めつくす大人数だったり、メール返信リストの全員であるなら、覚えておいてほしい。あなたが「お取りこみのところ申し訳ありませんが、私としては……」などと言えば、相手はこんなふうに受け取るってことを。「私は自分のアイデアにまったく自信がないんです……」

危険度

本当に悪いと思うとき

「ごめんなさい」の使い方について、もう一度よく考えてみよう。謝罪とは、話し手が聞き手に対して何か害になることや失礼なことをしたと認識し、両者の関係を良好に戻したいときにするものだ。で、その謝罪が受け入れられたら？ 素晴らしい！

もってまわった謝罪のとき

昨今の「ごめんなさい」や「すみません」は、気まずい状況や要求や対立をやわらげるときの咳払いと同じだ（たとえば、「すみません、あなたが座っているのは私の席だと思うんですけど」は要求。「ちょっと、私の席からどいてもらいたいんだけど」の意味）。また、何かを期待しているのに、それがかなわなかったときに、怒りや欲求不満を伝える際のもってまわった表現でもある。

丁寧な謝罪のとき

「すみません」は、単に「感謝や敬意を表する言葉」として使われることもある。タネンが言うように、会話の流れをスムーズにするのに役立つ、数々の社交辞令のひとつだ。相手の言っていることを具体的に知りたいときは「すみません、おっしゃっている意味がよくわからないのですが」。ほかの人たちの話に割りこんで質問をするときは「本当にすみません、○○さんを探してるんですけど、見かけませんでしたか？」。生粋の英国人たちは（女性も男性も）、いつでもこんなふうに「ごめんなさい」や「すみません」を使う。でもタネンは、そのためにかえって不安な状態になったりすることを誰ひとり考えていないと書いている。

注意したい話し方

語尾をあげてしゃべる？

「私の非常に優秀な教え子である女子大生たちの間で、この話し方が
はやっていることに、私はすぐに気づきました」。そう言うのは、ウィ
リアム・アンド・メアリー大学の社会学教授トーマス・リンネマンだ。
「彼女たちは、教室の前に立つと言うんです、『これは私の研究の結果？』
『これは私が発見したこと？』。もう、手に負えません」

　語尾をあげるしゃべり方は、男女ともに見られるが（ジョージ・W・
ブッシュも有名だった）、より多く見られるのは女性のほうだ。なかで
も白人女性に多い。クイズ番組『ジェパティ！』の参加者を対象に行
なったある調査では、女性参加者は、語尾をあげればあげるほど勝ち
進み、男性はその逆であることがわかったという[2]。

Part 4　自分の言葉で話す

「私は過小評価されている？」

危険度

邪魔男を阻止するため
　話に割って入られるのを阻止するために語尾をあげてしゃべる人がいる、との調査がある（ほら、女性は男性の2倍も話をさえぎられるから）。この場合は、それであなたがまだ話し終わっていないことを示せるなら、必ずしも悪いとは言えない。

確認のため
「ここまではいい？　ここ、ちゃんと聞いてる？」と言わんばかりに。

いい印象を与えるため
　質問するような口調はときに、激励の言葉を引き出す。「いいじゃない！」「ええ、賛成」など。でも、あなたが、聞き手にいい印象を与えることを意図しているなら、これは少々愚かしい方法なのではないかと思わなくもないわけで、というのも、これだともしかしたら自分で自分を貶めているかもしれず……えー、まあ、とにかく、言ってることはわかるよね？

自信を伝えるため
　デボラ・タネンは『どうして男は、そんな言い方　なんで女は、あんな話し方』で、ある男性CEOの話を紹介している。そのCEOは、部下が5ヶ月も携わってきたプロジェクトでも、たいてい5分で判断しなければならない。そこで「プレゼンをする人物が自信ありげなら、その案件を認める」というルールを定めたという。では、自分の意見なのに質問するような口調で終わったら？　ついでに言うなら、自分の意見なのに謝罪の言葉から始めたら？
　自信がないようにしか見えないだろう。

注意したい話し方
歯切れが悪い

歯切れの悪い言葉 （奥歯にものを
はさむな！）

修飾語句	間を埋める言葉	付加疑問	前座言葉
―これが正しいかどうかはわかりませんが、でも…	―えーっと ―まあ ―なんだか ―〜らしい	―わかります？	―要するに ―じつは

「歯切れの悪い言い方」はさまざまだ。たとえば、おどおどした修飾語句（「これが正しいかはわかりませんが、でも……」）。これには「自分の言葉が間違っていると思われるかもしれない」という不安をやわらげる働きがある。また、「なんだか」「〜みたいな」「〜らしい」「たぶん」などといった間を埋める言葉を使えば、やんわりと自分の主張を織りこめる。

ほかにも、「付加疑問」（「わかります？」）や、卑怯な異議申し立て（「じつは、それってよくないんです」）、さらには「要するに確認したかっただけで……」のような前座言葉もある。

こうした言葉はどれも、発言した時点で、事態をものすごーーーくあいまいにする。容認の言葉でもあると同時に、発言のインパクトを弱めたり、あなたの言葉がどちらの意味にもとれるようにするための

言葉でもあるからだ。「ごめんなさい」と似てはいるものの、もっと雰囲気だけの、なんとなくの謝罪、ためらいがちにドアをノックするようなものだ。グーグルの元重役エレン・ペトリー・リーンズはこれを、「会話の相手を親の立場に立たせ、さらなる権威と支配力を与える」方法と言っている。[4]

　リーンズの言うとおりなのだろう。私たちの発言から、歯切れの悪い言葉を取り除けば、技術的にはより断定的に聞こえる「はず」だ。だが！　おそらく「だからこそ」私たち女性は、まず最初に修飾語句を持ってくるのだ。断定的にならないよう、柔らかく聞こえるよう、強引だったり、命令口調に極力ならないようにするために。

　思いやりの効果を生み出すべく、話し手と聞き手の双方がともにたどり着いたのが、この歯切れの悪い言い方なのだ。

Part 4　自分の言葉で話す　203

危険度

強調のため
「あのミーティングってば、なんてゆーか、ひどかった」「あの食事はなんというか、素晴らしかった」。こうした「なんというか(なんてゆーか)」は、あやふやなことを表現するものではない。強調だ。

頼みごとをするため
「ちょっとだけ止まったらどうでしょう?」「二、三質問してもいいでしょうか?」

時間稼ぎのため
しっかりと考えられたうえでの「えー」や「ご存じのとおり」は、あなたの脳に考えをまとめる時間を与えることができる。もうひとつ、長い年月をかけてその有効性が証明された言い方がある。「それはいい質問ね、ボブ」。こう付け加えると、謙遜と賞賛をひとつの言葉のなかでバランスよく配することができる。

苦しまぎれに何とか発言するため
答えを持っていないのに、なんとかして意見を言わなければならないとき、「事実を補う」ために、歯切れの悪い言い方を用いることがよくある。「えー、○○さんに、○○○○に関して、すべてを掌握する時間があるかわかりませんが——私としては、○○○○(とにかく意見を入れる)をすべきだと思います」。基本的にはよろしくないけど、いざとなったら、あなたもこの手を使おう。男性はいつもやっているんだから。

「本当は」

ジャーナリストのジェン・ドールが言っているように、これは「相手の言い分に耳を貸す気がないとき」に使う卑怯な言葉だ。「あなたは正しい。でも私も正しい」と言うようなときに使い、「本当は」相手を尊重するなんて気持ちはない。

たとえば……「こんにちは、ジェニファー」「本当はジェシカよ」。「メンバーは全員揃っています」「本当はアシュリーを待ってるんですけど」

「本当は」はまた、衝撃を軽減できる一方、強烈な爆弾を投下するために使われることもある。「数字は 16 パーセント減少しています」「いいえ、本当は 5 パーセント上昇しています」。こういうときは、自分が下す判決に自分が驚いているように聞こえてはダメだ。

Part 4　自分の言葉で話す

注意したい話し方
「気がする」

「気がする」という言葉は本来、あなたが本当に何かを「感じている」ことを示す。たとえば、具合が悪い感じ、ワクワクする感じ、やましい感じ、など。でも最近はむしろ、軽いスキンシップみたいな言葉になってしまった。「Xに挑戦することを考えるべきだという気がする」。あるいは、「〜だと思う」や「〜と考える」といった表現を言い換えただけのような言葉に。

「〜な気がする」という言葉がはやりだしたのは1970年代だが、その勢いが本当に増してきたのは2000年代初頭だ——言葉に関するほぼすべての現象同様、これもまずは若い女性の間で広く使われた。まあ当然といえば当然だ。青年期には、男の子たちが仲間とつるんで遊び、大声で命令し合うことが多いのに対して、女の子たちは秘密の話や「感情」の「共有」で友情を育む。しかも女性は成長しても、こうしたパターンをそのまま続けがちだ。おまけに女性は、男性が周囲にいると、奇妙なことに、こうした感情語が「いちだんと」増えるから。

この言い方が役に立つ場合もあるにはある。「たしかに〜だ」や「〜に違いない」と言う代わりに「〜な気がする」と言うほうが、何かと危険は少ない（持ってまわった言い方で、自分たちに有利に話を進められる場合もある）。でも、「女性は温かく包みこむような存在でなければならない」とか、「感情をあからさまに表現してはならない」という思いこみで、「〜な気がする」という表現をしているとしたら？

ジョージタウンの教授フィリス・ミンデルは、著書"How to Say It for Women（女性のための言い方講座）"で「職場でそういう言い方をすれば、軟弱で、優柔不断にしか聞こえない」と述べている。「『感情語』で出来事や論点を表現するのは、明確な思考の代わりに『わけのわからない心理学用語』を使うようなものだ」と。

危険度

丁寧に話すため

たしかに、「あなたは理解していません」と言うより「ご理解いただけていないような気がします」と言うほうが、衝撃をやわらげてくれる面はある。

対立を解消するため

「感情語」をうまく操れるなら、口撃しているように見られることは少なくなるはずだ。考えてみてほしい。「あなたの仕事の進め方を見ていると、イライラするわ」とか「あなたの業績にはガッカリね」などと言えば、職場で感情的「すぎる」とみなされる可能性は高い。でも、「気がする」といった控えめな感情表現を使えば、職場におけるコミュニケーションはかなり円滑に進むだろう。

スピーチのとき

こうした感情語はどれも、あなたが「本当に主張しなければいけない」ときに使うと、せっかくの内容を損なってしまう。

Part 4　自分の言葉で話す

注意したい話し方
「うっわお、ヤッバ、マジでぇ……」

　「君の話し方は、バレーガールみたいだな」。電話越しに私はそう言われた。「いったい、いくつなんだ？　13歳か？」
　13歳ではなく、24歳のときの話だ。それに、電話していた場所は、カリフォルニアのバレーではなく、当時私が働いていた、ニューヨークの調査ジャーナリストのオフィスだった。電話の相手は市の上級職員で（ついでに、どうもいけ好かない男だった）、そんなことを言われてめちゃくちゃ恥ずかしかった。その瞬間から、私は自分の話し方をやたらと気にするようになった。
　バレーガール言葉というのは、〜って感じ、めっちゃ、マジ、ガチ、ウッソ〜、などという言葉がちりばめられた話し方のこと。サンフェルナンド・バレー（ロサンゼルス郊外）に住む若い白人女性たちが使う言葉として、1970年代からはやってきたことになっている。でも、これらの話し方が本格的な文化現象にまでなったのは、1980年代に入

ってからだ。フランク・ザッパが、自分の娘のしゃべるバレーガール言葉をもとに曲をつくったのがきっかけだった。

「めっちゃやばいじゃん」

「マジ、いけてない」

「っていうかあ〜、ショップ行って服とか見るのガチで好きだしぃ〜」

1990年代になると、バレーガール言葉（と、それに伴うファッションや態度）は、ジェーン・オースティンの小説『エマ』を翻案した、フェミニスト映画の傑作『クルーレス』でパロディ化された。『クルーレス』では、バレーガールのシェール（アリシア・シルヴァーストーン）が、親友ディオンヌ（ステイシー・ダッシュ）に、高校生活とそれにともなうすべてのこと（社会的地位や友情やセックス）を教える。

いまでは、バレーガール言葉を使うのはサンフェルナンド・バレーに住む女性にかぎったことではない（あるいは、女性にかぎったことではないと言ってもいい。少なくとも1人の調査員が発見したところによると、「男性」のほうが女性よりもたくさん「っていうか」を使うそうだ[10]）。

だが、通りすがりの男性にかたっぱしから「マッジィッ！」と声をかけていく、高校の制服に身を包んだシェールのイメージはどうしても忘れられない。彼女はまさに、おバカで、子どもじみていて、買い物命の、上っ面だけの女の子の典型だった。

Part 4　自分の言葉で話す

危険度

マジで進化してる、よね？

　これは言語学者ロビン・レイコフの主張だ。バレーガール言葉のたぐいは、じつはコミュニケーションの進化の兆候であり、聞き手に合図を送るものであるという。こうした話し方は、聞き手を引きつける。すると相手は、自分も仲間のような気持ちになり、信用を築くことさえできるというのだ。「これらの言葉は、結合と統一を生み出す」とレイコフは言っている。「これは、発話可能な社会的動物がなすべき主要な作業である。女性がこうした言葉をより多く用いるのは、私たち女性が人間としてより優れているからだ」。やったね。

「言った」の代わりに「って感じ」を使う

　「間を埋める言葉」としての「って感じ」（「めっちゃ、お腹すいたって感じ」）を、「言った」や「たとえば」の意味で使うこともある。違いは明瞭（「それから彼は、『我々は喜んであなたの給料をあげよう』って感じだったわ」。あるいは、「この問題の解決法を探しましょう、クライアントをランチに連れ出すって感じで」）。

第一印象

　バレーガール言葉は、あなたの親や、ミレニアル世代ではない同僚には通じない（ただし、そういう人たちにはそういう人たちなりの、ダッサい話し方がある）。好むと好まざるとにかかわらず、人はうわべをベースに判断をする——あなたの話している内容ではなく、「話し方」で判断する、といった感じだ。だから、自分が話している内容を本当に理解していることを示すチャンスがくるまでは、万事慎重に。

注意したい話し方
色っぽ〜〜〜い

モデルで女優のキム・カーダシアンは、セクシーな話し方を駆使してひと財産築いたが、ふつうは、なかなかそんな真似はできない。カーダシアンは、呼びかけの最後に決まってきしむような声で「ありがとぅ〜〜〜」と言う。これで自分の地位を維持しているのだ。こういう声のことを「ボーカルフライ」と言う——声帯をすり合わせて発する、うんと低いしゃがれた声、あるいは揚げ物をするときのジューッという音に似た声だ。なんとも奇妙な声だが、男女ともに見られる。

こういう声で柔らかくしゃべれば、セクシーに聞こえるばかりか、強調したいことがあるときにも効果を発揮する。なにより、そういうしゃべり方をするのは面白いし。でも、リーダーの立場にあるなら、よくも悪くももっと朗々とした、信頼できる、ジュージューしてない話し方を求められるはずだ。

> [ボーカルフライ] 名詞
> フェミニスト・バンドの素晴らしい名前。だが通常は「きしみ声」のことを指す。話し方としては、はあ〜〜〜い、ありがとぅ〜〜〜など、母音をやたらと長く伸ばすという特徴がある。

ボーカルフライは、2011年以降メディアによって大々的に取りあげられてブームとなり、若い女性がどんどん真似しはじめた。その結果、いたるところにカーダシアンが出現した。が、彼女たちは職場で痛い目にあった（少なくとも、ある研究によると、そういう女性は能力に欠け、教養もなく、信用もできず、感じもよくなく、あまり雇用した

いとも思えないとみなされた）。

　本当は、ボーカルフライの歴史は少なくとも 1964 年までさかのぼれる。当時これを用いたのは——ここ、大事よ——イギリスの男性で、自分たちが社会的に「秀でた」立場にあることを伝えるためだった。それが 2003 年ごろからアメリカでも人気を博してきたというわけだ。最初に注目したのは、カリフォルニアのメキシコ系に特有の言葉を話す女性たちだったという。

　以降、この流行は繰り返されてきた。ただし最近の流行では、大きな問題がひとつある。男女ともにこの話し方をしていながら、それで不快な経験をしているのは女性だけらしい、ということだ[12]。

　なぜそうなるのかについて、ニューヨーク大学の言語学者リーサ・デビッドソンは、「ボーカルフライは急激な低音化と関係があるからだ」と言う。男性の声は概して女性よりも低いので、ボーカルフライで音が急激に低くなっても気づかれにくいらしい。

　また、ボーカルフライは文末をあげるしゃべり方を意図的に「抑制する」と考える言語学者も多い（問いかけるように文末をあげる話し方だと、当然声も高くなる）。

　つまり、私たちはボーカルフライによって声が低くなり、ヘンな抑揚をつけないですんでいるとも言えるのだ。だけど、ボーカルフライで話しているんじゃ、結局ダメなのでは？

危険度

40歳以下の人なら

ボーカルフライが大流行している最中、スタンフォードのある言語学者が、教え子たちも自分のように、そのきしむような音に気づくかを調査した。すると、誰も気づいていないことがわかった。そこで、今度は調査対象者を500人の大人に広げて同じ調査を行なったところ、ボーカルフライに不快感を覚えるのは、「40歳以上」の人のみであることが判明した。だとしたら、ボーカルフライを抑制しようがしまいが、近いうちにこれが基準の発声法になるのかもしれない。

面接では

2014年、ある実験で偽の就職面接が行なわれた。その際、被験者の男女7人ずつに「このような機会を与えてくださり、ありがとうございます」というセリフを、通常の発声法とボーカルフライの両方で言ってもらい、録音した。そして、被験者たちにそれを聞いて評価してもらった。すると、(サンプリング数は少なかったものの)通常の言い方よりもボーカルフライで話す女性のほうが、より愚かしく、能力に欠け、聞き手に訴える力もないという印象を与えた。しかも、最も辛辣に評したのは、男性ではなく女性だった。

タブー語を口にする

ボーカルフライでタブー語を叫べば、ものすごくスッキリする。が、危険すぎる(でも……告白すると、人にはやめるよう言っておきながら、私はしょっちゅう口にしている)。

Part 4　自分の言葉で話す

注意したい話し方
ハグ＆キス

　あるとき同僚が、私の友人アマンダを、ロサンゼルスのプロデューサー（女性）に紹介してくれた。アマンダとプロデューサーは、それぞれが携わっているクリエイティブなプロジェクトについて話をし、いずれ一緒に仕事をしようということになった。

　翌朝、アマンダが起きると、プロデューサーからメッセージが届いていた。そこには「ものすごく楽しい語り合いだったわ」という言葉のあとに、"XOXO"（ハグ＆キス）とあった。

　あら、素敵じゃない、とアマンダは思った。あとで返信しよう。が、その前にまたメッセージが届いた。件名は「XO」。クリックすると、今度は1行だけ。

　　　　　XOXOXOXOXOXOXOXO

　アマンダはそのときの気持ちをこう語った。「困惑した。いままでいろんなメッセージを受け取ってきたけど、こんなにたくさんのハグ＆キスを見たことなんて一度もなかったから。両親やカレからのメッセージでもよ」。そして続けた。「あれって……私を本当に愛してるってこ

と？　で、もし私が同じだけの愛を返さなかったら、彼女の気持ちを傷つけたってこと？」

　言語学者によると、「XO」の起源は、少なくとも1763年にまでさかのぼる。当時は、本当にハグやキスを送りたい相手にのみ使っていたという。単に……ただ一度会って話をしただけの相手にではなく。でも今では、「XO」が当たり前のように使われているので、言語学者たちはその使用法について研究を重ねてきた。

　で、何がわかったと思う？　そう、これを使っているのは大半が女性、ということだ。

危険度

仲間意識を高めるため
この場合は「ありがとう」の女性版だ。

横着な締めくくりとして
メールの締めくくりに、「うまくいくよう祈っています。お話させていただけたことを感謝しています」と書くよりずっと早い——が、本当にこういう意味で使っているのだろうか。

受動攻撃として
「この報告書を用意しておいてほしいって言ったはずだし、昨日のうちにほしかったの。XOXO」

穏やかに要求するため
一連の研究から、女性はオフィスで信頼できる存在でありながら、同時に感じもよくなければならないらしい。そんなダブルスタンダードに巧みに対処していくための周到な手段のひとつとしても、「XO」が使われているのだろう。

注意したい話し方（のようなもの）
絵文字マニア

　スマートフォンで絵文字が使われだしたのは1年ほど前から。そこここに笑顔がちりばめられたり、励ます意味で力こぶが使われたり、友人が赤ちゃんの写真を送ってくるときにはハートが踊っていたり……。私が気に入ったのは「ショック系」の絵文字（歯を見せてしかめっ面をしている黄色の顔文字）だ。「地下鉄が止まってる！」とか「うわっ、起きたら午後1時」というときにピッタリ。

　とにかく、絵文字を使いはじめたら、あっというまに言葉にとって代わっていった。面倒な話を続ける代わりに、親指を立てている「サムズアップ」を使えば、それだけで怒っていないことが伝わった。

　そんなある日、ダンスをする女性の絵文字が使いたくなった私は、

Part 4　自分の言葉で話す　217

それを探しはじめた。スマートフォンとにらめっこしながら。でも一向に見つからない。約10分経過。突然わっと泣けてきた。じつは、途中でずっと前から話を聞いてもらいたいと切望していた仕事上の関係者から電話がかかってきたのに、探すのに夢中なあまり、つい「拒否」のボタンを押してしまったのだ。

　顔文字の起源は1880年代、さらに、いわゆる絵文字が最初に登場したのは1990年代の日本だけど、このところのアメリカの爆発的な広まりは、明らかにミレニアム後のトレンドだ。絵文字の使用は決して女性に「かぎられたものではない」。でも、他の言語学的な事象の大半同様、主流となって使っているのはやっぱり女性だ。

危険度

上司の絵文字

上司から絵文字入りのメールが送られてきたら、ためらうことなく絵文字を返そう。これは相手の行動をそっくりそのまま真似する「行動擬態」というもので、意外と信頼を築けたりする。

褒める絵文字

「よくやった！」と伝えるなら、💯が最高だろうし、「プレゼンが炎上した」と言いたいなら、🔥がぴったりだ。ちょっとしたお祭り気分を表したいときなら、どんな状況でも役に立つのが、ダンスをする女性💃だ（これは私の母のお気に入りでもある）。

数のルール

笑顔マーク3つ＝たのしい！　笑顔マーク4つ＝セックスしたい。

アウトな絵文字

あなたが昇進に値する人間で、絶対にそれを要求すべきであっても、その過程でのような絵文字を使うべきではない。同じく、たまたま上司をネタにSNSやメールで冗談を言っているときには（たとえそれが、ウラジーミル・プーチンについて話しているオーストラリアの外務大臣であっても）、👿のような真っ赤な悪魔の顔を使わないこと。痛くもない腹を探られることになりかねないから。

Part 4　自分の言葉で話す

もしかして、あなたのその表現、
性差別的になってない？

「リバーシブルの法則」と称されるチェック法がある。
やりかたは以下のとおり。

STEP 1： あなたが話の対象としている人物の性別を逆にする。

STEP 2： 妙に聞こえないか確かめる。

STEP 3： 繰り返す。

男の辞書に染まらない
「用語ハンドブック」

　私には、言われたくない言葉がいくつかある。昇進を求めたときの「押しが強い」。それから「牛耳る」も。これは、家事の分担を決めたときに元カレから言われた言葉だ。「まともじゃない」は、私の態度がお気に召さなかった女性編集者から投げつけられた。雑誌の仕事をしていたときに、もっと資金がほしいと言ったら返ってきたのが「難しい」。ほかのライターの売りこみを受けつけなかったときに言われた「陰険な女」っていうのもある。

　声を張りあげれば「感情的」、怒れば「ヒステリー」、諦めずに頑張れば「ストーカー」と言われてきた。（男性の）同僚からはしょっちゅう「心配しなくて大丈夫だよ、お嬢ちゃん」と言われたし、最近は、性差別との戦いをテーマに記事を書いているジャーナリスト（女性）から、そのための取材だと言って、「配偶者の有無」を聞かれた。

　大半の人は、言葉の機微についてさほど考えはしない。言葉は口から流れ出てくる。ときには後悔することもあるが、たいてい

Part 4　自分の言葉で話す　221

はそのまま先に進んでしまう。けれど女性のこととなると、そうも言ってはいられない。2008年、ジョン・マケインの支持者がヒラリー・クリントンについてこう聞いた。「我々は、あのあばずれをどうやって叩きのめすんだ？」。そのときマケインは、笑いつつもしどろもどろになってはぐらかした。

調査でも明らかなように、微妙な性差別語でさえ（「あばずれ」ではなく「金切り声」と言ったとしても）、有権者がどの候補者を支持するかに多大な影響を与える。候補者が女性であるかどうかにかかわらず、だ。[17]

かつては、この手の問題に対応するガイドブックがあった。私の自宅の本棚には、昔『ニューズウィーク』の資料室から失敬してきた"The Handbook of Nonsexist Writing（非性差別的文章のためのハンドブック）"が入っている。『ニューズウィーク』では以前、性差別的な言葉はこの本を使って事細かにチェックしていた。著者はケイシー・ミラーとケイト・スウィフト。いずれもフェミニストの作家で、1980年代のチャーミングなアドバイスが満載だ。ふたりは「男性」の進化をたどり、「女性」を「女の子」呼ばわりすることの是非をアドバイスし、「主婦」を「働く女性」と呼ぶべきかどうかという問題に真正面から取り組んでいる（「働く女性ではなかったら、主婦とはなんなのだろう？」とふたりは問いかけている）。

こうしたガイドブックに相当するものが今日では存在しない——が、あってしかるべきだ。

ということで、あなたがこれから学んでいくために役立つであろう言葉の一部を、次のように挙げてみた（アルファベット順）。

押しが強い（Aggressive）

まったく同じ行動をしていても、女性は「押しが強い」と言われ、男性は「自己主張ができる」と評される。

心臓に毛が生えている（Ballsy）

勇敢な、と同義。「勇気」を示す語がどうして、男性の体の一部を指す語（ball）の変形でなきゃいけないんだろう。

偉そう（Bossy）

本当は、全体を統率して仕切れるような能力のことであり、それって、どう考えてもいいことだと思うんだけど、女性はこう言われることをひどく恐れる。ガールスカウトの調査によれば、若い女性は、偉そうと言われるのを避けるために、リーダーの役割をあからさまに避けるそうだ。

いがみ合い（Catfight）

男性が意見を異にする場合は、それぞれの強い信念のもと、互いを讃えながら、ただひたすらやるべきことをする、と思われる。一方、女性が意見を異にする場合は……あっ、いがみ合いだ！　髪を引っ張り合うぞ！　シャツが破ける可能性も！　さあ、早く見にいこう！　という具合だ。

まともじゃない（Crazy）

どうしても好きになれない（あるいは不愉快にさせられる／いつも浮いている）女性をこき下ろすのに使える万能の言葉。

大げさ（Dramatic）

彼女は本当に大げさなのか。それとも、彼女が女性だからそういうふうに思われているのか？

感情的（Emotional）

仕事に対して怒りや不満を表すと、女性はこう言われる。男性が同じようにしても「情熱的」と見なされるだけなのに。

怒りっぽい（Feisty）

1984 年、女性初の副大統領候補となったジェラルディン・フェラー

Part 4　自分の言葉で話す　　223

ロは、「怒りっぽく」「脅しているわけではないが、押しが強い」と評された。そしてその一方で、ブルーベリーマフィンの作り方を知っているかと質問された。サンフランシスコで行なわれた民主党全国党大会では、彼女が登壇する前に、ニュースキャスターのトム・ブロコウがこう告げた。「ジェラルディン・フェラーロ……副大統領候補になった初の女性……服のサイズは6[18]！」

女性（Female）

　プロデューサーのションダ・ライムズは、自身が手がけたイベントのプレスリリースの草稿を見て、「黒人」と「女性」を削除して送り返した。そこには彼女のことを「ハリウッドにおける、最もエネルギッシュな黒人女性製作総責任者」と書かれていた。こうした言いまわし（だって、「最もエネルギッシュな『白人男性製作総責任者』」などというのを、誰も聞いたことがないでしょ？）から修飾語句を取りのぞければ、私たちの仕事は終わりだ。

女の子たち（Girls）

　自分の女友だちをそう呼ぶのはまだいい。だけど、プロとして公の場にいるときに女性について話をしているなら、どうか私たちのことは女の子と呼ばないでほしい。

「すべてを手に入れる」（"Having It All"）

　上院議員のウェンディ・デイビスは、すべてを手に入れることができた？　カーリー・フィオリーナは？　ションダ・ライムズは？　ティナ・フェイはきっぱりと言った。これは「女性に対する質問のなかで最も失礼なもの」だと。私たちは、男と同じようにやっている。ただ男は、こんな質問に答える必要がないだけだ。

彼（He）

　「誰か」のことを指すときに使う代名詞は「彼」だけ？　代わりに、「彼ら」や「彼女か彼」「人」だってある。

冷ややか（Icy）

　これは、ひんやりとした冬の日を表現するのに適切な言葉であって、

女性の性格を表すものではない！

お嬢ちゃん（Kiddo）

　プロとしている働いてる女性のことは、絶対にこんなふうに呼ぶべきではない。彼女がどんなに若くてかわいくてもダメだ。

女性らしい（Ladylike）

　あるいは妹みたいとか、女の子っぽいとかも同類。だいたい、何をもって女性らしいと言うのか。もしこうした言葉が、その人が「女性」であるという事実以上のことを伝えないなら、あえてこういう言葉を使う連中は、性差別を助長する輩と見て間違いない。

男性（Man）

　チェアマン、スポークスマン、消防士などと言うけれど、実際には女性だって大勢いる。

妾（Mistress）

　女は妾、じゃあ男は……なに？　火遊びをする人、とか？

ミセス（Mrs.）

　「ミスター（Mr.）」では、その人が「既婚」かどうかはわからない。私たちも、未婚か既婚かに関係なく使える「ミズ（Miss.）」にしよう（あるいは「ミクス（Mx.）」）。

しつこい（Nag）

　繰り返し聞く女性のための言葉。

小生意気（Nasty）

　ドナルド・トランプがヒラリー・クリントンに言ったのがこれ。男性を評するときにはほぼ使われない言葉だ。小生意気な女たちよ、団結しよう！

素敵（Nice）

　女性を素敵だと思うのは素敵だ。でも、そこにそれ以上の意味が含まれていたらどうだろう？　ロビン・レイコフは「ナイスと評された女性は、つねにそうあらねばならない。それが問題なのだ」と言う。

Part 4　自分の言葉で話す　225

でしゃばり（Perky）

ライターのゲイ・タリーズは、かつて女性のアシスタントがお茶を入れるのを断ったとき、こう言った。「僕は君がでしゃばりだとは思ってないよ（それくらい、ささっとやってくれたっていいじゃないか）」。お茶を入れさせる問題は横に置くとして、ここでの重大な疑問はこれ→あなたは、でしゃばりであることを期待してくれる男性に出会ったことがあるだろうか？

かわいい（Pretty）

女性の適性を正しく表現しようとするときは、「かわいい」は避けるべきだ。身体的特徴を表す言葉も同様。胸や足首のあるなし、髪型、パンツスーツの是非、ブロンドか青い瞳かほっそりしているか……これらはすべて、女性の能力とは無関係だ。

頭がおかしい（Psycho）

「まともじゃない」の項を参照。

質問（Questions）

ここで言っているのは、バカバカしくて、開いた口がふさがらないような質問、男性には決してされない質問のことだ。たとえば、「宇宙飛行は生殖器に影響をおよぼすか？」「ジムに行くときは何を着るか？」「ホルモンは仕事の能力を左右するか？[*]」

生意気（Sassy）

すなわち、思い切って意見を述べる女性。

生産性のある（Seminal）

「精液」を意味する“semen”を言語学的な起源とする語。要するに、非常に重要な仕事は、男性の股からもたらされる、というわけだ。

やかましい（Shrill）

この言葉は、男性よりも女性に対して2倍も多く用いられる（「金切り声をあげる」とか「甲高い声で叫ぶ」といった言葉もそう）。

---

[*]　どの質問も本当に女性の政治家と宇宙飛行士が聞かれた質問だ。

尻軽女（Slut）

女は尻軽、男は種馬。ダブルスタンダード警報だ！

つんつんする（Testy）

私は、いまだかつて男性が「つんつんしている」と言われるのを聞いたことがない。あなたは？

お高く止まった（Uppity）

女性、それも往々にして黒人女性が率直に意見を言うと使われる言葉。

ヴァギナ（Vagina）

いわゆるＰワード（「おしっこ（pee）」とか「陰部（pudendal）」とか）は、「とるに足らない」人を表するのに使う（あるいは、某大統領が「触っても」いいと考えている体の一部）。そんな言葉の対極に位置する言葉があるとすれば、それはヴァギナだ。素晴らしい言葉！　男たちよ、できるものなら子どもを産んでみたまえ。

ワークライフバランス（Work-Life Balance）

時代遅れの考えをベースにした、ナンセンスな言葉。人生を仕事と家庭に二分するという発想だ。要するに、絶対無理。

たわ言（Yappy）

長々と迷惑きわまりない話をすること。なぜか、たわ言を言うのはつねに女性だとされている。真実はどうか？　男女がともにいる場でほぼしゃべっているのは男性だ！　よくよく考えてみて。

Part 5

ふざけるな。
給料を払え

交渉用
トラの巻

切り取って、
ブラの中に忍ばせておこう

「お金のことを聞くのははしたないって、無意識のうちに思うのよね」

これはある女性ライターの言葉だ。このとき彼女はマンハッタンのリビングに座り、女友だちのグループを前に、契約のことで勇気を振りしぼって編集長に質問しようとしたときのことを話していた。

「自分の記事への対価はほしいけど、つい考えちゃうのよ、『私なんて、箸にも棒にもかからないライターだから』って」。彼女は言った。「お金のこととなると、自分には何の価値もないような気になる」

それはまるで、若いころの私のようだった。ちなみにこの話は、FFCでされたものではない。1970年の『ニューヨーク・タイムズ』に掲載されていた、意識向上グループでの話だ。まったく、あのころとほとんど変わってないじゃない！

私が給料のことで初めてかけ合ったのは、同じような仕事をしていた男友だちが、私よりはるかに高給を取っている（何万ドルも！）と知ってからだ。べつに、その事実を教えてくれる匿名のメモを渡されたわけではない（これを経験したのはリリー・レッドベター。グッドイヤーの従業員で、「公正賃金法」の名前の由来になった女性だ）。ある日、その男友だちと仕事について話しているときに、彼に直接聞き、彼から教えてもらったのだ。彼は、私の給料がいかに少ないかを知ると、賃上げを要求するべきだと背中を押してくれた。

でも、それまで賃上げなど一度も求めたことはなかったから、考えただけで怖気づいた。交渉術なんて、学校では教えてもらわなかったし。そこで私はまず、考えうるすべての業績を書き出してみた。それから、私の仕事を気に入ってくれている編集者たちに、私の実績を保証してくれるよう頼んだ。業績リストは何度も書き直した。そして、やっとの思いで上司にメールを出し、「私の将来」について話し合いた

いので時間をとってほしいと頼んだ。それから6時間、こんなことすべきじゃないと必死に自分に言い聞かせながらも、いてもたってもいられず、ひたすらメールチェックをした。「ノーって言われたら？」「厚かましいと思われたら？」「そもそもメールを無視されたら？」

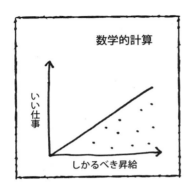

昇給に関することは、一筋縄ではいかない。そもそも、交渉なんてイヤだ。難しいし、不安は募るし、落ち着かないし、危険も伴う。なかにはこういうことが得意な人もいるし、楽しんでさえいる人もいるけれど、私が知る大半の人は、何か「ほかのこと」をする（あるいは、多大な犠牲を払って避ける）。

加えて、女性に特有の問題もある。私たちは、お通じの習慣やオーガズムのことを話すのはそれほど抵抗がないのに、お金の話になると突然口をつぐむ。おまけに、勇気を出して口にしても、女性のステレオタイプ（ほら、たとえば笑顔とか）を遵守するようにとの、ありがたいアドバイスが返ってくる。

そんなこんなだから、私もできればやりたくなかった。それでも、やってみたことで、あの時点で自分が知らなければならないことを調べつくすことができた。それに、すべての女性が、いざというときのために覚えておくといい簡単な戦術がいくつかあることもわかった（たとえば、女性は「それで大丈夫」と言われると、より上手に交渉できることもわかった。だから、私もあなたの背中を押すわよ、あなたは大丈夫！）。

私が交渉にまつわるアドバイスをするのは、決して私が交渉に長けているからではない。むしろ、どうしようもなく下手くそだからだ。だからこそ私は、少しでもうまく交渉できるようにと、いろいろな資料をネチネチと分析したのだ。

Part 5　ふざけるな。給料を払え

言い訳だらけの駆け引きをやめる

よくある言い訳だらけの駆け引きの例としては、こんなのがある。

- とりあえず失礼します。
- タイミングが悪いですね。
- どうしたいのか、自分でもよくわからないんです。
- 交渉が苦手なもので。
- 会社があまりうまくいっていないですから。
- あの人は、私のことが気に入らないみたいなので。
- 断られたくはありません。
- 私は十分な仕事をしませんでしたから。

このなかに、あなたにとって格好の口実が見あたらないなら、あなたは大丈夫だ。まずは自分に問いかけてみよう。「言い訳なんかすべきじゃない十分な理由があるのに、それでも言い訳したら、どんな事態に直面するだろう」と。

あなたの代わりに私が答えてみよう。「きっと、上司からノーと言われる」。そうなったら、あなたはどうする？　私が提示する選択肢は３つ。①残念ですと言う。②改善するためにできることを聞く。③半年かけて再度検討するべく計画を立てる。これと同時進行で、新しい仕事を探しはじめることもできるだろう。あるいは、辞表を提出することも。

どれを選ぶにしろ、この世の終わりにはならない。けれど、言い訳をするのはやめたほうがいい。

あなたが直面している問題は何？

賃金格差は本物

　今日のアメリカでは、フルタイムで働く女性の賃金は、男性の平均賃金1ドルに対して79セントだ（訳注：日本は男性100円に対して女性74円ほどともっと格差がある）。さらに人種別に見ると、アフリカ系アメリカ人女性は64セントで、ヒスパニックは54セントだ。

　この数字に関しては、多くの論争がある。職業の選択を考慮に入れていないとか、女性は育児休暇をとるとか。どれも正しいけど、でも、だからなに？　たとえ「実際に」職業の選択を考慮し、「同じ」大学を卒業した「子どものいない」女性と男性を比較し、さらに学業平均値や勤務時間、休暇取得などに留意しても、格差は存在するのだ。

　社会人1年目から、女性は同輩男性の93パーセントしか賃金を手にすることができない。それが現実だ。

アメリカの賃金格差

白人男性	白人女性	黒人女性	ヒスパニック女性
1ドル	79セント	64セント	54セント

Part 5　ふざけるな。給料を払え

女性は声をあげない

　そう、昇給の交渉をする女性は、おそらく男性の４分の１程度だろう。しかも、交渉をしても要求する金額は少ない。交渉をする従業員は、しない従業員より17ヶ月も早く昇進しているという調査結果があるにもかかわらず[4]。とは言っても、もちろん声をあげないことだけが賃金格差の原因ではない。そもそも、賃金格差があるから、女性のほうが劣っているという先入観が生まれ、そのために女性は声をあげにくくなっているのだから。[5]

要求する女性は「厚かましい」!?

　交渉する女性は、厚かましいとみなされる可能性が高い。仕事を得る可能性が低くなる場合もある。[6]

ハッタリに注意

　女性は男性よりも、交渉中に嘘をつかれることが多い（男性からも女性からも）。たとえば、「ちょうど今、予算がないんだ」とか、本当は一番いいタイミングなのに、「今はタイミングが悪いから」と言われたり……。

　ある調査によると、興味深いことに、男も女も嘘をつくものの、概して女性は相手を思いやって嘘をつくのに対し、男性はコスト削減や議論に勝つため、あるいは望みのものを手にするというように、交渉に関するときに嘘をつくという。[7]

　そうと知ったからには、会話の際には耳をそばだてておこう。どれがウソくさい話かをしっかり聞きわけるために。そして、うさん臭い返答に理路整然と異を唱えられるよう、ばっちり準備をするのだ。

　参考までに、次ページ以降に「交渉をうまく進めるためのアドバイス」をまとめておいた。成功を祈る！

下準備をする

つねにリストを用意しておく

交渉は、あなたのこれまでの実績を記した書類をじかに手渡せる（あるいは、あとでメールを送ってフォローできる）貴重な機会だ。その書類には、以下のことを書いておくようにしよう。

- 会社の利益やイメージアップにあなたが貢献してきた点
- 「いかに」貢献したかを示す具体例
- その貢献を「証明する」データ（販売報告書や、あなたの素晴らしい仕事ぶりを証言してくれる上司や顧客からのメールなど）

同僚を味方につける

あなたの交渉に関心を寄せてくれるすべての人と連携しよう。彼らは、あなたが声をあげたあともあなたを支持してくれるだろうか？　あなたの上司に質問されたら、好意的な意見を述べてくれるだろうか？積極的ではないにしても、交渉が緊迫したときにバックアップしてくれるようにしておこう。

相場を知る

同僚に給料を尋ねるのは気がひけるかもしれない（また、そういう行為はあなたの会社の方針にも反するかもしれない）。だが、相場を知っておけば、とんでもない金額を提示しないですむ（確信が持てないときは、ネットでチェックしてみよう）。

カーネギーメロン大学とハーバード大学の教授、リンダ・バブコックとハンナ・ライリー・ボウルズの研究によれば、女性は適切な基準を理解していればいるほど、うまく交渉を進められる。だから、業界全体でも、あなたの会社内にかぎってもいい、とにかく相場を確かめ

Part 5　ふざけるな。給料を払え

よう。そうすればきっと、論理的に話を進める一助になる。

交渉したい「タイミング」をはかる

　自分がその気になったらいつでも、上司に昇給を願い出ていいわけではない。タイミングを見定めること。たとえば、あなたが悔しい思いをしたり、腹を立てているときに交渉をしてはダメ。どういうとき上司の気分が一番いいかをじっくりと考えよう（女性用トイレの隅に追いつめたりするなんてもってのほか！）。

　一般的に言って、最高のタイミングはあなたが何か素晴らしいことを成し遂げた直後だ。その素晴らしい業績が、あなたの年次評価（や、それに類する考課など）の時期と重なったらもっといい。そうでない場合は、もう査定の予定は決まっている？　交渉は、そのときまで待てる？　とにかく、どんな選択をすべきかよく考えよう。

自分が「何を」求めているのかをはっきりさせる

　交渉に入る前に、必ず具体的な「要求」（金額でも、ふさわしい肩書きでも、何らかの権利や特典でも）を考えておくこと。実際に数字を提示する必要はないかもしれないけど、望みを聞かれたときに、肩をすくめるような真似だけは避けるべきだ。

　もちろん、自分が何を求めているのかがわからないからといって、自分が得てしかるべき力を放棄することはない。もう一度よく考えて。そうすればきっと、自分の本当の望みが見えてくる。それを元に具体的に要求すればするほど、雇用主はあなたの満足のいく決断をしてくれるだろう。

交渉の場を用意する

　上司がサンドイッチを食べている最中に押しかけて、一方的に自分の言い分をまくしたてたりしちゃダメ。あなたが話をしたい相手には、まず要件を伝え、「近々」時間をとってもらえるよう頼むこと。こういう交渉のとき、女性は男性よりも緊張しがちなので、以下に2点ほど、うまくいくポイントを挙げておこう。

- あなたは適切なメール送っている？　あらかじめメールを送る場合は、時間をとってもらいたいのはもちろん、その理由も簡潔にまとめておこう。といっても、ここでいきなり「昇級希望」といったことまで書く必要はない。「私の（成果／考課／ボーナス）について（説明したい／確認したい／相談したい）のでお時間をとっていただけませんでしょうか」といった感じで。
- もしもあなたの上司が、メールより面と向かって話したほうがいい対応をしてくれそうなら、時間をつくって上司の机まで足を運ぼう。

Part 5　ふざけるな。給料を払え

「万人向けの」交渉術

先んずれば制す！

恐れることなく、先に具体的な数字を明らかにしよう。その際は「必ず」自分が望む額よりも多く言うのがコツだ。ある調査によれば、最初の交渉で1ドル言い値を高くするごとに、最終合意額が50セントずつ高くなることがわかっている[8]。

私は、起業家シンディ・ギャロップのモットーが好きだ。いわく、「あなたが求めるべきは、最高の金額——思わず吹き出したりしないでちゃんと口にできる最高額よ」。大きく出るべきなのは、もちろんバカバカしい額を要求してあなたの上司を大笑いさせるためではない。より高い金額から交渉を始めれば、そのぶん、いざというときに譲歩する余地がたくさん残されるからだ。

要求内容にはいろいろある

交渉は、必ずしもお金のこと「だけ」にかぎらない。これはよく覚えておいて。福利厚生、フレックスタイム制、育児手当、休暇、確定拠出年金、学位取得のための休暇付与、学位取得までの給料の保証など、会社に求めることはほかにもいろいろある。ぶっちゃけた話、ときには話を盛るのも一手だ。最初はとにかく大きく。

でも、実際の要求は小さめに（だからと言って、スナック菓子は小さすぎ！　そんなのは報酬じゃない）。それぞれの問題について、プレゼンができるように用意しておくのも忘れずに。どれが一番大事なのか重要度を考えて、順番も決めておこう。そして、すべてを一度にではなく、ひとつずつ確実に進めるのだ。

相手によって臨機応変に

すべての人、すべての状況に効果がある交渉のアドバイスなどない。

だから、それぞれの段階で、自分が誰を相手にしているのかをしっかりと認識しておくことが大事。また、自分の主張を述べる段になったら、ほかの人（同僚や上司や交渉相手）への配慮も忘れずに。

否定の言葉を予測しておく

さらに、否定的な反応への返答も準備しておこう。たとえば、「今期は厳しかったから」とか「あなたには、これだけの責任を負う準備ができているとは思えない」と言われたらどう答える？　自分でも難しいだろうとわかっていることを要求しているのであればなおさら、よどみなく答えられるように準備しておこう（243〜246ページの「交渉の場での話し方：台本」で、具体的な答え方をいくつか挙げておいたから、それもチェックしてみて）。

はったりはなし！

交渉と同時進行で引き抜きのオファーが来ていて、そっちとも話しているなら、交渉相手からノーと言われたときには辞表を提出するつもりかもしれない。が、そうであろうとなかろうと、とにかく「前もって」心を決めておくことはとっても大事だ。

本気でオファーを受ける気がないなら、雇用主にオファーのことを話したっていいかもしれない（「じつは、こういうオファーをいただいているんですが、それを受けるつもりはまったくありません。というのも、私たちはお互いに満足のいく着地点を見出せると願っているからで……」）。

話のやめどきを知る

自分の希望を伝えたら、あとは黙る。次の一手は相手に任せよう。

Part 5　ふざけるな。給料を払え　**239**

「女性のための」交渉術

「私たち」を強調する

　女性は、自分のために交渉をすると「厚かましい[9]」とみなされるけど、他者の代表として交渉すると、一転してうまくいく——利己的とみなされないからだ。では、この「他者の代表」感を貫いたまま、自分のための交渉をするにはどうしたらいいか？　答え：「私」の代わりに「私たち」を使う。「私たちとしては、今年度の私たちの業績を自負しています」。そのあとに「あなたが」チームの成功にいかに貢献したかを説明すればいい。

うまく運ぶには協力が必要

　交渉は、拒まれた利益を手にするための「戦い」ではない。会社というチームの一員として存在し、会社とあなたの双方にとって利益のある合意に達するための「共同作業」だ。だから、先方にもきちんと理解してもらおう、あなたが「同じ側にいる」人間であることを。

「プロらしい」言い方を心がける

　——と同様に、あいまいな言葉づかいもしては「いけない」ことになっているが、調査によれば、あいまいな言葉づかいは、交渉に臨む女性の好感度を上げる役割も果たしている。

　交渉の専門家ハンナ・ライリー・ボウルズが教えてくれた言い方の例がある。「私のようなレベルの人間が交渉に臨むことが、どの程度一般的なのかはわかりませんが、この交渉は、今後の私の仕事にも活かせるものと考えていただければ嬉しく思います[10]」。要するに、なんとしてもお金がほしいという、女性らしさのかけらもない欲望ではなく、プロとしての姿勢を前面に出すのだ。

240

あなたの要望を正当化する

前述したように、女性は「他者」を持ち出すと交渉が成功しやすくなる（男性はそんなことをする必要などないけど）。たとえば、「マネジャーから、あなたと話すよう言われて……」というように。あるいはもっと強力に、あなたの交渉術はプロとしての証であると強調する手もある（「私が交渉するのは当然と思っていらっしゃるでしょうね。なにしろ『クライアントとの交渉』が私のここでの仕事ですから……」）。

上司のエゴをくすぐる

上司にアドバイスを求めよう[11]。するとどうなるかはわかるよね。誰しも大なり小なり自分の話に酔うものだ。それを逆手にとれば、上司の機嫌を損ねることなく、あなたにとっていい結果を引き出すことができるだろう。

笑って耐える

本当はこんなことする必要はないが、まあ、すべての情報を提供するという意味で言っておこう。リンダ・バブコック教授が、男女がともに同じ言葉で昇給を求める実験をしたところ、交渉中、女性は笑顔を見せるまで（あるいは、なんらかの言動で、思いやりがあって親しげだと思われるまで）ずっと、攻撃的だという印象を持たれた[12]。女性だから「笑って耐えろ」と言うつもりはまったくない。ただ、ここは「素晴らしい」未来について考え、その実現のために笑ってみてはどうだろう。

Part 5　ふざけるな。給料を払え　**241**

「女性カード」を切る

　場合によっては、性差別について率直に話すのも悪くない。私の友人の映画監督は、昇給の交渉に臨んだとき、こんなふうに切り出した。「調査によると、女性は交渉後に好感度が下がるそうです。ですから、まずはその問題を片づけてから交渉に臨みたいと思います」。彼女はこう言って親しげに、落ち着き払った態度を保ちつつ、相手に対して「色眼鏡で見ないで」と注意を促したのだ。

すぐ撤退しない！

　女性はすぐに妥協しがちだが[13]、あなたは最初に提示されたオファーをそのまま受け入れてはいけない。一度の話し合いでは不十分なときもあると覚えておこう。交渉などさっさと終わらせたくてたまらない気持ちはよくわかるけど、提示されたものにただ同意するだけでは、本当の意味での「交渉」とは言えない。納得できないときは、その場に出向いてくれた全員にまずは感謝の意を伝えてから、一晩考えさせてほしいと伝えよう。そうすれば、次に打つ手を考えられる。

練習あるのみ

　鏡の前でも、友人に見てもらうのでも、スマートフォンで録画するのでも、なんでもいい。必要なのは、自分の姿を直視すること。そして、この交渉で勝利を手にしたところや、立て板に水で話すところをイメージしながら練習することだ。

交渉の場での話し方
台本

こう言おう
具体的な数字を出すとき
- 「少し調べたのですが、私のレベルだと、一般的な給与額は_____くらいです」
- 「サラリー・ドットコム（あるいはあなたが選んだ情報源）では、_____が標準的な額です」（ここに入れるのはあくまでも相場。あなたの価値ではない。十分な下調べをしてから交渉に臨むこと）
- 「一般的に考えると、私の給料は_____くらいです」（基準となる枠を提示することで、有利に話を進められる）

自分の言い分を述べるとき
- 「私たちの今年度の成果を誇らしく思います」（なんて素晴らしいチームプレーヤーだろう！）
- 「_____（あなたがそれに値する理由を最もよく証明しているものをここに入れる）に基づいて、私が提案させていただきたいのが_____です」（あくまで感じよく、それでいて要領よく）
- 「一般的な物価上昇率は_____です。_____（期間）にわたる私の実績に基づき、_____のアップについて話し合いをさせていただければと思います」（素晴らしい。下調べは万全だ）
- 私は自分より高給の人と同じレベルの仕事をしている！　と思うなら、それを交渉のベースにしよう。「私は入社2年目ですが、3年目の人がするような仕事をこなしていると思っています。ですから、それに見合った給料にしていただくことを希望しています」
- 交渉中に感情は差しはさまないこと。あくまでもデータを元にした事実に沿って話を進めよう。

議論がヒートアップしてきたら
- 「お互いに満足できる着地点を見出せると信じています」（対立するのではなく、あくまでも協力的に）
- 「私たちは、あと一歩のところまできていると思います」（前向きな姿勢を崩さず、誰も戦線離脱をさせないように）

禁句
- 「_____では、生活に余裕がないんです」（上司の知ったことではない）
- 「奨学金の返済が残ってるんです」（上に同じ）
- 「結婚するんです」（関係なし）
- 「妊活するつもりなんです」（ぜーったいダメッ！）
- 「残業しています」（大変なのはみんな同じ）
- 「_____以外は認められません」（交渉には歩み寄りが必要）
- 「_____でないと絶対にダメです」（いいだろう。だが本当に、それでないと絶対にダメなの？ 「〜したいのですが」や「〜はどうでしょうか」という言い方にしてみては？）
- 「申し訳ありませんが、私の希望は_____だけなんです（絶対に、絶対に、お金の話をするときは謝っちゃいけない）
- 「もう何年も何も望んできませんでした……」（不平を並べ立てたところでどうにもならない。本当に5年間昇給を望んでこなかったとしても、それを話すのは実績に基づいた主張をしたあとだ）
- 「でも、私は3人分の仕事をしているんです」（それが本当なら素晴らしい。ついでに、ただ不平を言うのではなく、その実績を具体的に伝えよう。必要なのは、仕事量に見合った昇給なのだから）

先方からの言葉に応じた返し方
「うちが計上していた予算より提示額が高いんだが」
- 「それはよくわかりますが、私は平均的な社員よりもはるかに秀で

ていると自負しています（どう秀でているのかをここで述べる）」

「君はまだその任には早いと思うんだが」

- 「では、どうすればその任にふさわしくなれるのか、私に理解できるようにお話しくださいませんか」

「喜んで提示させてもらおう！」と言って提示された額が、希望に遠くおよばない、ショックで立ち直れないほどのものだったら。

- 「ありがとうございます。このような機会をいただけて本当に胸が躍ります。ですが……」
- 「＿＿＿＿であれば、こちらも満足できるのですが」
- 「＿＿＿＿と同額を支払ってくださるのなら、いますぐ、喜んでお引き受けします」
- 「この仕事に妥当な額は＿＿＿＿とわかっています。せめてそのレベルになることを切に願っているのですが、可能ですか？」

最初の交渉で「残念だが＿＿＿＿までしか出せない」と言われたら。

- しばし黙して、しっかり深呼吸する。それからこう言う。「いろいろご検討くださって感謝します。私としても、ぜひやりたい案件ですので、なんとか双方が満足できる道を見出したいと願っています」（ここで話をしているのは、地位や自由、可能性といった、お金には変えられないものだということを忘れないで）。「では、（具体的な報酬）についてはどの程度余裕がおありでしょうか？」
- 「よくわかります。私としても、できるだけお受けしたいので、この件に関しては期限を決めて、〇ヶ月後に再考したいと思います。よろしいですか？」（潜在的な障害に備えて、具体的な枠組みを設定しておく）。

数度の交渉後に「当方は＿＿＿＿しか出せない」と言われたら。

- 差を埋めるために、先方に、ほかに何ができるのかを質問する（再度言おう、地位や自由や可能性などだ）。
- 「わかりました。では、期限を決めて、〇ヶ月後にもう一度検討する、というのはいかがでしょうか」

Part 5　ふざけるな。給料を払え

最後の答え方

交渉がうまくいったら
- すぐ仕事にとりかかろう。雇用主があなたの要求をかなえるべく尽力してくれたことに感謝して、それに応えよう。

迷っているなら
- 「お申し出に心から感謝します。数日猶予をください。その間にじっくり考えます（私に与えられた選択肢を比較検討します）」

まだ十分ではないなら
→あなたがすでに携わっている仕事の場合
- 提示したものはいったん持ち帰り、半年後に再度交渉可能か聞く。
- 提示したものを持ち帰り、すぐに新しい仕事を探しはじめる。
- 死ぬほど退屈な仕事にきっぱり別れを告げる。もちろん、その前にそうできる経済的な余裕があるかを自問すること。もしかしたら、次の仕事を見つけるまで、もう少し我慢したほうがいいかも。

→まだ交渉中の仕事の場合
- 提示したものはいったん持ち帰り、半年後に再度交渉可能か聞く。
- 「ノー」と言う。交渉が長引いてきた場合には効果を発揮する。先方に要求を飲ませる唯一の方法になることも。ただし、これはあくまで戦術。これが功を奏するのは、あなたが本当にその仕事を諦められる（諦めるつもりがある）ときだけだ。
- 本当に諦める。ただし、あくまでも礼儀正しく、ドアは開けたままにしておくこと。「相談に乗ってくださり感謝します。残念ながら受け入れることはできませんが、いつかまたよいご縁があることを願っています。何かあれば、いつでもご連絡ください」。ビヨンセも言っているように、この言葉こそが最高の復讐だ。
- 先方から何かいい代案が出されたら、さっそく仕事に取りかかろう。

246

おめでとう！　交渉成立だ。
次は、ほかの女性を助けよう

女優のジェニファー・ローレンスが、男性の共演者に比べて自分が
いかにギャラが少ないかを知ってコラムを書いたところ、男優のブラ
ッドリー・クーパーが、今後は自分のギャラを公表すると発表した。
給与格差を明確に訴えていくためだ。「あなた」にもできることはある。

自分が手にするものを公にする

私の知り合いのジャーナリストは、自分と同じような考えの記事を
書いている女性たちにメールを送り、自分のギャラを公表しようと呼
びかけている――見返りはなしで、だ。「相当なギャラをもらっている
なら、それはそれで素晴らしいことだし、別に私に話してくれなくて
もいい。でも、大した額をもらっていないなら、自分のギャラが安い
ってことを知るべきだと思う」。彼女は私に言った。「これって具体的
だし、団結していくっていう意味からも本当に有益な戦術なのよ」

情報センターをつくる

グーグルの元エンジニアは、スプレッドシートをつくった。彼女と
同僚が、内々に給料の情報を共有できるようにするためだ。マネジャ
ーは面白くなかったが、従業員たちは声をあげ、シートのデータに基
づいて昇給を手にした。ほかの業界でも同様の試みがなされている。

自分の給料について話そう！

ほかの人たちの稼ぎを知らずして、どうやって自分が立ち向かうも
ののことがわかるだろう！

Part 5　ふざけるな。給料を払え

Part **6**

男性なら
どうする？

いいところは
貪欲に盗もう

私には長年の友人にして同僚がいる。その名はジョシュ。ジョシュは、自分が望んだものを手にする達人だった——その場で思いついたことを立て板に水のごとくしゃべる技、一目瞭然の大失敗をやらかしたときでも冷静でいられる術、ある部署で嫌々やっていた仕事を別の部署での昇進（しかもとてつもない昇給付き）に変えてしまう手口……。彼のエピソードのなかで私が好きなのは、自分で自分の助手のフリをして、高級レストランの予約を取ってしまうというやつだ。

　　「やあ、どうも……僕はデビッドと言います。ジョシュ・なにがしのオフィスから電話してるんですが——上司のジョシュが３人分のテーブル席の予約をお願いしたいと言ってまして……」

　このやり方のおかげで、私は彼と一緒に、彼が予約してくれなければ一生入れなかっただろう数々のレストランで、数え切れないほどたくさんのおいしい食事をした。もちろん私には、そんなレストランに電話をする勇気などさらさらない。

　そのうち、私たちオフィスの女性は、困った状況に陥ると、決まってジョシュの名前を入れた略語をつぶやくようになった。それが「WWJD（what would Josh do?）——男性（ジョシュ）ならどうするだろう？」だ。私たちは、社会実験よろしくジョシュの一挙手一投足を観察し、気づいたのだ。彼の、職場における諸々のやりとりへの対応は、私たちのそれとは180度違っている、と。

　会議の席でも、彼にはちょっとした工夫がいくつかあった。まず、必ず上司に一番近い席に座る（その席を確保するために早めに会議室

に行く)。それから、議論が白熱しているときは、あえて上司の顔をしっかと見据えて、直接、静かな低い声で話をする。すると他の面々は、いったいふたりはどんな秘密の話をしているのかと、唖然としてその様子を見つめる。

　こうしたちょっとした戦略が功を奏して、ジョシュは会議における自身の力をゆるぎないものにしていた。

　「アイデア会議」は、責任者からの鶴の一声で、トップクラスの編集者やライターたちが一人残らず集められる。もちろん全員が、記事のアイデアを持ってくることが前提だ。そして、それぞれが自分のアイデアを披露する。要は、各人の創造性と記事の選別能力の売りこみであり、人前での蹴落とし合いだった。

　私は、毎週アイデア会議の前になるとパニック発作もどきの状態になった。まずは12個ほどアイデアを絞り出すのだが、それを6個にまで減らし、さらに、そのうちの3つは馬鹿げていると断じる。残った3つのことも頭から離れず、それぞれを、ああでもないこうでもないと切り口を変えては6回も立案し直す始末だった。

　では、ジョシュはどうしていただろう？　彼は、ほかの課の同僚や外部のフリーライター、支局の特派員など、その会議に出席しない人たちに誰彼かまわずアイデアを聞いてまわっていた。そしてそれを、その人たちの代表としてプレゼンした。また、会議の前には、悪びれることなく、そのアイデアのサポートを頼んでまわった。

　毎週毎週、ジョシュはそのやり方で最低でも1つは企画を(自分のためであれ、ほかの人のためであれ)通して会議室をあとにした。その一方、私はずっと、すさまじい自信喪失のスパイラルにはまりこん

Part 6　男性ならどうする？

だまま、代わりばえのしない3つのアイデアを書いては消し、書いては消ししていたわけだ。

ジョシュは、どこからどう見てもいい人だった。プライベートではディナーパーティのホスト役をこよなく愛し、実際とても社交的で寛大なホストだった。なのに仕事となると、自分が「好かれている」かどうかなんてまったく意に介さなかった。「自分」にとってプラスにならないアイデアや企画には、決して乗ってこなかった。

逆に、自分が参加したいプロジェクトや、自分がやりたい新たな創造的な役割があれば、自ら主導権を握って、どんどん話を進めていった。声をかけられるのを決して待ったりはしなかった。

初めてジョシュと同じ会議に参加したときのことは今でも覚えている。「この人、自分を何様だと思ってるのかしら」と思ったから。でも、すぐに気づいた。この人から学べる、と。で、それからは腹を立てるのをやめて、必死にメモをとるようになったのだった。*

---

* 男性の言動を観察してあれこれメモする人といえば、フランシス・パーキンスだ。フランクリン・D・ルーズベルト大統領時代の労働長官にして、米国初の女性閣僚だった彼女は、職務に就いた当初、男性同僚に関するメモをとり、それを大きな赤い封筒にまとめた。題して「男性の心理にまつわるメモ」。

男性ならこうする

うまくいくまで、うまくいっているフリをする

男性は、昇進のために必死に自分を売りこみ、つまらない案件は辞退し、まるで上司の器じゃなくても、周囲から上司扱いされると、やたらとそっくり返る。

ときには、フルタイムの仕事をねらっている一介の男性インターンでさえ、自分のいまの肩書きを「主席研究員」としらっと書いたりする。でも、同じ仕事をねらっている女性は、「研究助手」と書くのだ。

どちらも「厳密に言えば」正しい。彼らが職場でただひとりの研究員なら主席でもあるわけだから。でも、この男性のインターンには「図太さ」がある。

この際、私たちもそれを身につけようじゃないの。

Part 6　男性ならどうする？　**253**

上手なマネ方

ハッタリをかます

あなたもジョシュを見習って、ときにはハッタリをかまそう。ウォール・ストリートの重役カーラ・ハリスは、成功を手にして間もないころ、メンターから「あなたはわざわざ『自分はわかっていない』ことを知らせたがる」と注意された。「事実であれ、質問に対する答えであれ、それに対して確信が持てないことを表に出すと、周囲の人はあなたのことを『この人は本当に自分のしていることがわかっているのか？』と、疑いの目で見るようになるのよ」。メンターはそう忠告した。以来、ハリスは声のトーンを変え、確信を持っているフリをするようになった。[1]

自信たっぷりの半端な真実は、たいていいつだって、および腰の真実を打ち負かす。

自分のことをもっと高く評価する

ある統計値によると、女性は求人情報に掲載されているすべての条件に当てはまる（まさに100パーセントだ）と考えるときだけ、その求人に応募するのに対して、男性は「60パーセント」条件に合っていれば応募する。[2] これはおそらく「嘘偽りのない、過剰なまでの自信」と称されているものの影響だろう。その自信をベースに、男性は自分の業績を、実際よりもかなり高く評価する。一方、女性は低く評価しがちだ。[3]

さて、その仕事に「実際に」より適しているのはどっちだろう？　素晴らしい質問だ。だが、雇用マネジャーにそれがわかることはまずないと考えて間違いない。だって、あなたはそもそも履歴書を送っていないんだから。

「彼女」を大々的に売りこむ

ビヨンセにさえ、もうひとつの人格（サーシャ・フィアース）があって、そっちの人格は、ビヨンセがさらに自信に満ちたステージパフォーマーへと進化するのに力を貸してくれた。生まれながらにゆるぎない自信を持っている人など、まずいない。けれど自信のあるフリをすれば、たとえそれがフリでも、あなたが有能だとほかの人は信じてくれるし、さらには「本当の」自信も身につくようになる。

もし、自分にはとても無理だというなら、もうひとりの自分のためにやってみよう——「彼女のことを」大々的に売りこむのだ。

Part 6　男性ならどうする？　255

男性ならこうする
失敗を恐れない

　ハーバードの講師シカール・ゴーシュが行なった調査によれば、ベンチャーから投資を受けて起業した会社の3分の1以上が、投資してもらった金を使い果たし、70〜80パーセントが利益をあげることができないという[4]。だが、こうした起業家たちは、自分の失敗を隠さない。むしろ誇示する——ブログに書いたり、フェイルコンのようなカンファレンスにこぞって参加しては、失敗について語り合ったりしているのだ。さらにもうひとつ、こうした新興企業の大半には共通点がある。起業主が……そう、いずれも男性なのだ。

　女性は、失敗に対する不安を早くから抱きはじめる。心理学者キャロル・ドゥエックの調査によれば、すでに小学校のときから、女の子は男の子に比べて諦めが早い傾向にあり、しかもそれは、IQが高くなればなるほど顕著になるという。不安は、年齢を重ねても薄らいでいかない。男性が大多数を占め、女性の貢献度がより厳しく判断されがちな組織ではとくにそうだ。女性は失敗すると、その原因を個人的なもの（自分が悪い）と思いこみがちだが、男性は環境のせいにする（仕事が悪い）[5]。

　一概に、どちらがいいとも悪いとも言えない。女性の失敗に対する不安は、ものごとを深く理解する一因になることもある[6]。時間をかけて自分のアイデアを検討するので、十分な根拠を示すこともできる。だがもちろん、失敗を恐れる人は、アイデアを出して知的なリスクを負うのを恐れ、アイデアを手放してしまう可能性が高い。こういう人たちは、すでに得意なことに固執し、新しいことへの挑戦を避けがちでもある[7]。

　新しいことに挑戦しないで、どうやって学ぶことができるだろう。

上手なマネ方

「これから花が咲く」と思う

『となりのサインフェルド』（訳注：アメリカの国民的テレビドラマ）の第1話（パイロット版）を見た重役たちは、「面白みに欠ける」と断じ、続きを見たい視聴者などいないと言った。オプラ（訳注：オプラ・ウィンフリー。世界で最も影響力のあるトーク番組司会者）は、レポーターの仕事を解雇された。『ハリー・ポッター』シリーズは当初、出版社に書籍化を断られまくった。子どもの本としては「長すぎる」から、と。

世の中には、最初の挑戦で失敗しても諦めないで、ついに成功した人の話であふれている。ピカソは、誰もが知る数点の名作を生み出すために、2000点を超える作品を制作しなければならなかった——あなたが成功を手にする確率のほうが、はるかに高いんじゃない？

「しなかった」後悔とサヨナラする

経営学の教授アダム・グラントは『ORIGINALS』（三笠書房）で、失敗には2種類あると述べている。行動したことによる失敗と、何もしないことによる失敗だ。たいていの人は、行動して失敗したときに一番悔やむと考えるが（仕事で競合に負けた、プロポーズして断られた）、じつは最も後悔するのは「何もしなかった」ときであって、失敗そのものではないのだ。

自分の間違いから学ぶ

「失敗という壮大な間違いから学べる知恵と強さは、学校でもセラピーセッションでも身につけられません。ましてやどんな大金を積んでもできないことです」。こう言うのは、スミス大学のリーダーシップ育成コーチ、レイチェル・シモンズだ。そのとおり。私たちは失敗からこそ多くを学べる。これは、調査でも裏づけられている事実だ。

Part 6　男性ならどうする？

男性ならこうする
クールに「ノー」と言う

　長い間、私はあらゆることに対してイエスと言ってきた。やりたくない仕事を割り振られたときも、一緒に仕事をする気がない人たちとのコーヒーも、「知恵を貸してほしい」だの「急いでフィードバックをくれ」と言われたときも。知恵やフィードバックは、実際に私が生計を立てている大事なものだというのに！

　でも、それは私だけではない。女性は男性よりも、何かを頼まれるとノーと言えない。しかも、やっとの思いでノーと言うと、たいてい驚かれる（そのうえ、ムッとすらされる）。

　もちろん、同じノーでも上司と部外者に言うのとでは違う。自分の立場を知ることは大事。それから、あなたの仕事に害をもたらさないようにするコツを知ることも大事だ。

上手なマネ方

助け合いのルールを決める

　あなたは、自分を助けてくれた部外者にひとり残らず、お返しに助けたりしていない？　もしそうなら、本当に助けたい人、あるいは助けなければならない人かどうかを慎重に考えたほうがいい。そのうえで、心から助けようと思えない人には、勇気を出してノーと言おう。

　また、相手からの頼みごとが仕事に関するものなら、私情はどうあれ、ビジネスとして考えるべきだ。だから自分に問いかけよう。「私にはどんな見返りがある？」

彼らに仕事をしてもらう

　その人が、あなたにフィードバックを求めているのなら、正式な提案をしてもらおう。アドバイスを求めているなら、どんなアドバイスがほしいのかを正確に示してもらおう。推薦が必要？　だったら、あなたが参照できるよう、リストを出してもらおう。

　「手を貸してほしい」というのは往々にして具体性に欠け、漠然としている。しかもそうした要求は、たいてい「片手間」ではできない。相手が望んでいることをはっきりさせるために、あなたの時間をムダにする必要はない。説明するよう、相手に「頼めば」いいのだ。

ストップウォッチを用意する

　ある女性起業家は、対応に10分以上の労力を要する要求は、なんであれ「報酬が発生する仕事」と見なしているそうだ。でも、私たちはほとんどが起業家ではない。私なら、10分間分の報酬なんか気にせず、自分の人生のうちの数週間分くらい喜んで提供するだろう。だけど、前もって境界を決めておくことはたしかに大事だ。あなたのためにも、あなたに助けを求めてくる人のためにも。

Part 6　男性ならどうする？

男性ならこうする
許しを求めるのではなく、実行する

　アレクシス（女性）とニック（男性）は、同じ職場で、週に80時間も働いて、さらに出張もあるという、山のような仕事をこなしている。ふたりともに子どもがいて、家庭で過ごす時間がないことを不満に思っているのも同じだ。

　そこでアレクシスは、上司に勤務時間を減らしてくれるよう頼むことにした。上司は前向きな検討を約束してくれた。一方のニックは、自ら勤務時間を減らした。週に2、3日は在宅勤務にし、出張を減らすために地元のクライアントを開拓し、同僚とは、早く退社する際にはカバーし合う約束をした。

　アレクシスとニックは、その四半期を同じ成果で終えた。だが査定の時期になったとき、ニックは一流と評され、アレクシスは減給された。

　名前は仮名だが、ボストン大学の教授が営むコンサルティング会社[11]の研究にある事例で、内容は事実だ。教授は、過酷なワーカホリック文化への男女の対応を考察し、多くの女性がほんの数年職場にいるだけで、何千回となくやっているであろうことを再確認した。つまり、女性は細心の注意を払って正直にことを進めて「頼む」のに対して、男性は危険を冒してでも「実行」する——最後には万事うまくいくと信じて。

上手なマネ方

👊 「お願いします」ではなく「ごめんなさい」と言えばいい

アレクシスやニックのような自治権（あるいは自由裁量権）を有している従業員はほとんどいない。交代勤務の従業員なら、そもそも許可なく帰宅することはできないだろう。白人ばかりのオフィス内で唯一の有色人種の男性なら、ニックのようにやすやすとオフィスから抜け出す気にはなれないはずだ（ちなみにニックがいた会社は、白人が大半を占めていた）。

女性の多くもこうはできない。女性は危険を避ける傾向にある。[12]男性が大半を占める職場ならなおさらだ。

だが、「許可」を求める代わりにやってみて、その結果、もし事態が悪くなったら「ごめんなさい」と言えばいいと考えたら？　これなら少しやる気が出るのでは？　やるべき仕事に対して、新たな目的意識をもって臨むとき。早退して、予約しておいた医者へ行くとき。ついでに、手を触れないでくださいと言われているキャンディショップで試食をするときも……。

ひとつとして同じ仕事はないから、あなたの置かれている状況をよく考えて行動する必要はあるけれど、なんでも「頼む」代わりに、「やってみる」べきことは何かしらあるはずだ。

Part 6　男性ならどうする？

男性ならこうする
はじめからうまくいかなくても悲観しない

「ノー」という言葉や、それと同じ趣旨の言葉を聞くと、私は重い足どりで自分の机に（最近はソファに）戻り、諦め、ふてくされ、ヤケ酒を飲み、泣き、自分は何を間違ったのかと思い悩み、八つ当たりをし、自分に腹を立て、ほかにどんなふうにできたのだろうと考える。

　一方、「ノー」と聞いたときのジョシュの対応はといえば……落ち着いて自分の机に戻り、再度その案件を見直し、おそらくは軽く食事をとって、決意も新たに「イエス」を引き出せるよう疑問点への返答を用意しはじめるだろう。そして、もう一度挑戦する。

　このことからわかるのは、シンプルきわまりない。疑問を提示されたにせよ、気のない反応にせよ、否定的なフィードバックにせよ、「ノー」は必ずしも全否定「ではない」ということだ。

　だから、自分の机でも、ソファでも、女性従業員用トイレでも、とにかくあなたが一番落ち着いて考えられる場所に戻って、次ページのことを実践してみよう。

上手なマネ方

👊 魂をこめて話す

自分のアイデアを伝えるとき、猫背になって、ささやくような声でしゃべってない？　あるいは、いきなり「この案が多少とも役に立つかどうかはわかりませんが」などと言って、自分で自分の首を絞めるような真似をしなかった？　もう一度プレゼンしてみよう。今度は魂をこめて。

👊 要求を見直す

あなたが求めたものや提案したものが何であれ、最も批判された部分を素直に再考しよう。そのうえで、先方に受け入れてもらえるよう、提出し直すなり、説明し直すなりしよう。

👊 次に備えてメモをとる

「ノー」という言葉に気をとられるのではなく、「その理由」を考えることに集中しよう。それがわかったら、今のあなたの経験を活用して、新たな提案をして、今度はイエスを引き出そう。

仕事で駆使できる最高の言いまわしのひとつはこれ。「前回は、予算が足りないとおっしゃいました。そこで私は、コストパフォーマンスのいい方法を見つけました……」

👊 個人の問題ととらえない

なぜなら、そう、私たちにはそうしてしまう傾向があるからだ（統計的に言って）。男性と女性がともに否定的なフィードバックを受け取った場合、女性のほうが自信や自尊心の落ちこみが激しい。[13] でも、そんなことはもうやめよう。

Part 6　男性ならどうする？　　**263**

男性ならこうする

じっとしていないで、自分から求める

リンダ・バブコックは著書『そのひとことが言えたら…』（北大路書房）のなかで、人間には２種類あると言っている。ひとつは「なりゆきタイプ」。彼らは、ほしいものはあるものの、そのほとんどを手にできない（自分の置かれた環境を変えられないと考えている）。そしてもうひとつは「自分次第タイプ」。彼らは、状況次第でものごとは変わる（世界は意のままにできる）と考え、改善する方法を積極的に探す。

男性と女性、どちらがどちらのタイプかは、簡単にわかるだろう。バブコックのこの本は交渉術がテーマだけど、その前提はほぼすべてのことに当てはまる。頼んでも望むものを手にすることはできないかもしれないけれど、そもそも頼むことさえしなければ、何ひとつ得られないことだけは「確か」だ。

上手なマネ方

👊 **「自分次第タイプ」になる**

相手にノーと言われても、柔軟に対応（あるいは、どうにかやっていく／続けていくことが）できる？　答えがイエスなら、頼んでみよう。ノーなら、ウィスキーをあおろう。

👊 **ノーと言われたとき用の対抗策を用意しよう**

ノーと言われた場合、対案は用意してあるだろうか。あなたの要求を、白か黒かではなく灰色として考えて「半分」だけ期間を延長したり、必要経費を「半分」に削減することもできる。「要求（あるいは譲歩）は少しずつ」、これが成功のコツだ。

男性ならこうする
最良の結果を想定する

　私の友人カイラのご主人の話。彼の職場では、責任の所在があいまいで、上司たちも気まぐれなせいで、従業員たちに仕事のしわ寄せがきている。ご主人もどうやら、半年ごとに被害にあうらしい。そのつど、ソーシャルワーカーのカイラは、「もうっ、勘弁してよっ」と思う。

　で、どうするか。彼女はもっと安い住居を探しはじめる。そして考える。もし生活費まで切りつめなければならなくなったらどうなるのだろう、と。

　で、楽しみにしていた休暇の予定をすべてキャンセルし、仕事のシフトを増やす。念には念を入れるのはいいことだが、そのせいで彼女は毎日、この世の終わりのように思いつめている。

　ところが、だ。当のご主人は、どこ吹く風といった感じなのだ。カイラが異常なのではない。女性が男性より心配性なだけ。もちろんカイラのご主人も多少の心配はしているが、まったく逆の考え方もしている。つまり、万事なんとかなる、自分は頭がキレるし能力もある、この仕事が最終的にうまくいかなくても、自分なら「もっといい」仕事にだって就ける、というわけだ。

　で、もし思いどおりにいかなかったら？　ご主人はびっくりするにちがいない。だからカイラは、そんな最悪の状況に備えて、いまからせっせと準備をしているのだ。

Part 6　男性ならどうする？　265

上手なマネ方

柔軟にかまえる

　心配しようとしまいと、起こることは起こる。だから、無駄な出費は控えるのはいいとしても、一晩中悶々とすることはない。そんなことをしても、少しも問題解決の役には立たない（そればかりか、かえってストレスが溜まるだけだ）。

　あなたは、いたずらに気をもんで時間を無駄にするよりも、その時間をもっと大切なことに使おう。

万事うまくいくと考える

　カイラがとった反応でポイントとなるのは、すぐに引っ越しを考えたことだ。彼女のご主人は、再度プロとしての基盤を築くまでにしばらく苦労するかもしれない。それでも、自分たちが路頭に迷うことは微塵も想像していない——自分たちは大丈夫だと確信している。それが、彼の精神衛生にもプラスに働いている。

　つらい職探しの日々に戻りたいと思う人などいないだろうけど、大丈夫、たいてい最後はうまくいく。

男性ならこうする
「我こそは」

　私はよくジャーナリストの友人たちとこんな冗談を言い合う。「この仕事を始めてからずっと、メディアの死神を必死に振り払ってきたわね」。事実、どこに行っても解雇や早期退職の恐怖がついてまわった。すでに廃刊になった故郷の新聞『シアトル・ポスト・インテリジェンサー』から始まって、『ヴィレッジ・ヴォイス』（身売り）や『ニューズウィーク』（廃刊になったのち復刊）、そしてタンブラー（ここは、私の部署の面々だけの解雇だけど）。結果として、2012年に私はフリーになり、死神との競争は終わった。もう二度と、昔ながらのジャーナリズムの仕事に就く気はなかった（実際、しばらくは就かなかった）。

　解雇を告げられたときに私がやったのは、タンブラーの自分の机から、その日の終業時間までに取りあげられることになっていたパソコンを使って、シェリル・サンドバーグへメールを送ることだった。そう、やぶから棒に。彼女には以前、取材をしたことがあり、彼女の著書についての記事を書いたこともあった。彼女が非営利団体を立ちあげたことも知っていて、素晴らしいことだと思っていた。で、しっかりしたコンテンツをつくるためにも、手助けできる人物（私！）を雇うべきだろうと思ったのだ。メールは、効果をねらって簡潔にした。「私は解雇されました。あなたが立ちあげた団体は、どんなことを計画していますか？　編集者は必要ありませんか？」

　必要だったのは編集者ではなく、私がやりたくないのがわかっている仕事だった。それでも彼女は会いたいと言ってくれた。それを断るつもりは毛頭なかった。私は、その必要とされている仕事ができるのは「私」しかいないと彼女を納得させるために6回面接し、その後、25ページにもおよぶ書類のやりとりをした。

　そして私は仕事に就いた──彼女が雇うつもりのなかった仕事に。

Part 6　男性ならどうする？

上手なマネ方

自分から踊る

　起業文化のおかげか、昨今では自分で自分の進む道を切り開いていくことが当たり前になってきた。もちろん、ジョシュならそうするだろう。これは自信をもって言える！

　だから、あなたもそうしよう。その道で一流と称される人に営業メールを送り、自分なりの見解をプレゼンし、先方が現状打破していくために必要なことを臆せず語り、「自分こそが」先方の力になれる理由をしっかりと主張するのだ。

　その結果、先方が、まったく希望していない勤務条件（たとえばサンフランシスコ勤務）を要望してきたら？　今度もまた臆することなく、自分はニューヨークで働いたほうがいいと思う理由を説明すればいい。そうやってひとつずつ、自分が尊敬する相手、自分もその一翼を担いたいと思っている相手に、ためらうことなく接触していくのだ。相手に自分の要求をぶつけたところで、失うものは何もないと信じて。

　——どうやら私たちは、男性から少しは何かを学べたようだ。

その正体は？
まことしやかなことを言うヤツの見分け方

これは、男性陣が仕事で駆使している得意技。つまり、自分たちがなんでも知っている「かのような」フリをすること。たとえ、本当は背後にあるホワイトボードに書いてあること程度しか知らなくてもだ。残念ながら、ハッタリ禁止令が発令される予定はなさそうなので、このうさん臭い技を駆使する連中を見分ける方法を、こっそり教えよう。

ハッタリ野郎：ニセの協力者　「相乗効果」だの「パイプライン」だのと具体的な内容を提示することなく言いちらす。「念頭に置いておく」とか「決断する」と言いはしても、別の方法を認めることは拒む。

動物にたとえるなら：ウサギ　ウサギにそっくりなこの協力者は、たわ言という名の独特なフンをしてまわる。このフン、ひとつずつ見るぶんには特別臭いわけではないが、日がな一日このタイプと過ごす羽目になり、小さなフンが集まって山になると、臭くて我慢できなくなる。

ハッタリ野郎：中身のない言葉だらけ男　意味のない、曖昧模糊とした言葉を長々とまくし立ててその場を満たす。たとえば、「しばし一歩引いてみましょう」だの「低い位置にぶら下がっている果実、要するにですね、簡単に達成できる目標に集中しましょう」だの。そして、ありふれた、陳腐きわまりないことを言う。「このミッションを達成するために、我々全員で力を合わせていきましょう、いいですね」

動物にたとえるなら：ハト　ハトよろしく、この手の輩は会議の最中、突然フンを落としてくる。あっけにとられているあなたの上着には、フンの跡がベチャッと残る。

ハッタリ野郎：文法学者もどき　「いまの発言をわかりやすく解説しましょう」という言いまわしをこよなく愛し、それを口実に人の話に割って入る。そして構文解析をし、子どもでもわかるように言い直すが、中身はまったく変わらない。会議の最後にも決まってこう言う。「では、要約しますと……」

動物にたとえるなら：ネズミ　あなたのアイデアを賞賛するつもりであなたの言葉を繰り返すのであれば、ネズミのたわ言も無害だし、かわいいことさえある。が、「わかりやすい解説」があまりにも何度も出てくると、いつのまにかあなたの両手がフンまみれになっているかも。

ハッタリ野郎：おべっか使い　中身のあることは何ひとつ言わず、会議の間じゅうお世辞に終始する。「私としては、あまりにも無意味な内省はしたくありませんが、私たちはじつに素晴らしい進歩を遂げているような気がします」。この手の輩は、ほかの人の気の利いた発言に乗っかるのも大好きだ。そうやって、自分の言葉がその人たちの知恵と結びつくことを望んでいる。

動物にたとえるなら：イヌ　子犬よろしく、いいアイデアのにおいをすぐに嗅ぎつけ、そこにマーキングしなければと思う連中だ。とにかくなんとかして自分のにおいを残そうとするのだ。

ハッタリ野郎：撹乱者(かくらんしゃ)　「中断させる」「遮断」「破壊的な技術」といった言葉を使うのは、カッコよく見えると思っているからだ。ついでに、「アクション・アイテム」だの「考慮すべき重要なポイント」だのという語をしつこく口にするところもよく見かける。

動物にたとえるなら：ウシ　恐ろしいほど「破壊的な」フンを山盛り出さずにはいられないのがウシだ。まあ、いい面もある。まともな嗅覚を持っていれば、この牛を見すごすことはないから。

ハッタリ野郎：パワーポイントおたく　やたらと凝ったパワーポイント（もしくは紙の資料）でプレゼンをする。コンテンツを、ベン図だのしゃれたフォントだので飾り立てれば立てるほど、内容のなさから「気をそらせる」と彼らは思っている。

動物にたとえるなら：ナマケモノ　ナマケモノは、週1回フンをするのに何日もかける。反った葉っぱの茂るゴツゴツした枝から枝へと渡り、木の根元まで降りて、ようやく用を足す。こんなに多大な労力を払って、その挙げ句、敵に狙われやすい行為をしているのだ。

ハッタリ野郎：ぶち壊し屋　まったく何の準備もしないまま会議にやってきては、ほぼ終わるまで待っておもむろに口を開き、そもそも会議を開いた理由を問いただす。「諸君、ちょっと待ってくれたまえ、我々はここでいったい何をしようとしているんだ？」

動物にたとえるなら：ネコ　こそこそしていて、見つけにくい。ホワイトボードの下など、どこかしら暗い片隅に隠れていることがよくある——不意に異臭が鼻をついて初めて、この輩が来ていることに気づくのだ。

男性たちへのサービス情報
イヤな男にならずにすむ方法

　親愛なる男性同僚のみなさん、男友だちのみんな、そして男性諸氏、しばし上から目線で話をするのでお許しを。

　あなたたち男性は、この戦いに不可欠な存在だ。ぜひ、ぜひ、私たちの仲間になってほしい！　人生は男女一緒に歩んでいくもの。あなたたちは人口の半分を占めている。まだ当分の間、私たちの会社のリーダーであり、私たちの政治家であり、私たちの幹部だ。私たちの子どもの父親だし、私たちのパートナーだし、友人でもある。それに、あなたたちがいなければ……男性上位を打ち倒せない！

　ヘンなのはわかっている。男性上位は「男性」がいて初めて存在するものなのに、男性のあなたたちにそれを打倒するよう頼んでいるのだから。アメリカの大手たばこ会社に禁煙広告を出せと言い、肉体美が自慢の「シャツレス俳優」で有名なマシュー・マコノヒーにシャツを着ろと言うようなものだ。

　でも、これはゼロサムゲームではない。だから、この戦いに勝利することは男性の負けを意味しない。いつかロボットが代行するようになるまでは、あなたたち男性には私たち女性が、私たち女性にはあなたたち男性が必要なはずだ。

　それに。私たちを諸々の呪縛から解き放つということは、あなたたちを自由にすることでもある。私たちが解放されれば、あなたたちの会社にさらなる利益と調和がもたらされる。私たちがもっと稼げるよ

Part 6　男性ならどうする？　273

うになれば、あなたたちが汗水たらして働く必要もなくなる。働く母親と積極的に育児をする父親がいれば、心身ともにより健康で自信に満ちた子どもを育てることができる。そのうえ、私たちと一緒にすごす時間も増える。私たちはとてもいい香りがする。花のような香り。ちょっと刺々しい香りだけど……。

　昨今では、「男らしい」男性は怖がられる。私たち女性も、男性に上から目線で話をされるのを嫌う。でも、FFCはあなたたちの力になれる。私たちは、男性が女性たちに好意的に受け入れられ、最も重要な支持者や協力者にもなれる方法を教えられる。ふだんからできる簡単なこともたくさんある。以下にそのリストを挙げておく。これを切り取って、見つからない場所に忍ばせておいて。

私たちを信用して

　女性のアイデアが女性のものだときちんと認識されることはまれだ。[14] たいては誰かほかの男性が、それをいちだんと大きな声で繰り返すから。だから、男性諸氏には少々静かにしていただきたい。そして、私たちを信用していただきたい。そうすれば、私たちのみならず「あなたがたも」よりよく見えるようになるはずだ（私たちはより聡明に見え、あなたがたは寛大なチームプレーヤーに見える[15]）。私たちのアイデアは、あなたがたが勝手に横取りしていいものではない。それをいちいち指摘するのは、もううんざりだ。

脚を閉じて

　女性は、男性諸氏の大股座りにもうんざりしている。その体勢がラクなのは理解しているが、どう考えてもスペースを取りすぎだ。10〜15度くらいは余計に広げすぎている。[16] 作家でバイセクシャルだったゴア・ヴィダルは脚を組んでいた。あなたがたにもできるはず。さあ、もう4センチ椅子を引き、必要なら調整をして、どうかその脚を閉じて。この要望は、もう何年も前から寄せられているのだから。

「邪魔男」を邪魔して

　女性は男性の２倍も発言を邪魔される。でも、もうやめてほしい。もっといいのは、邪魔男の邪魔者になること。どうか、女性の同僚ではなく、邪魔男の発言に口をはさんでほしい。ひとこと「なあ、彼女に最後まで話をさせてやったらどうだ？」くらいでいいから。あるいは、男性の同僚が邪魔をしたら、その人に送るサインを考えるのもいい。野球のように。そう考えるとスポーツみたいで面白くなってこない？　男性はスポーツが好きだけど、じつは私たち女性もそうなのよ。

私たちに話をさせて

　「おしゃべり好き」な女性についてこれまで耳にしてきたことは、すべて忘れてほしい——それは真実ではないから。もちろん私たちも、あなたがた同様に話はするけど、実際のところ、男性のほうがはるかによくしゃべる。請け合おう、仕事の場では男性のほうが女性よりも間違いなくたくさんしゃべっている[17]——しかも往々にして、どれくらい「たくさん」しゃべっているかに気づきもせず。だからお願いだ、もう少しその口を閉じておいてもらえないだろうか。せめて私たちが最後まで話せるくらいには。そのあとも、もうちょっとだけ閉じておいてもらえると嬉しい。ほかにも言うことがあるかもしれないから。

女性のすぐれた発言には賛同して

　簡単なことだ。うなずいたり、私たちの言ったことを念押ししたり、私たちのアイデアをとても気に入ったとひとこと言ってくれたり、私たちが何かしらいいことをしたと思ったら、大きな声でエールを送ってくれるだけでいい（そう、悲しいかな男性への賛同のほうがいまだに重きを置かれていることが多いから）。メールのやりとりなら、すべての返信に「イエス」や「賛成」といった言葉を添えてくれればいい。絵文字も効果がある。私が個人的に好きな絵文字は、万歳する手や拍手する手だ。百点満点の絵文字も嬉しい。

Part 6　男性ならどうする？

私たちはカプチーノが飲みたい

　仕事中、自分のコーヒーをいれるついでに、私たちの分も用意してくれたら（ミルクつきでお願い）とても感動するし、あなたがたも、女性の同僚に自分のコーヒーをいれてくれと頼むのは気がひけるようになるだろう。それから、会議の際にメモをとると申し出てくれるとありがたい。この手の雑用をやらされるのは圧倒的に女性だけど[18]、メモをとりたいなどと「本気で」思っている人が誰もいない以上、あなたがたが率先してやれば、きっといいことがあるだろう[19]（上司に素晴らしいと思われて、昇進したり、昇給したり、ま、そんな感じでいろいろ）。やっぱり男性って得よね。そうじゃない？

私たちを会議に参加させて

　多くの女性は、あなたがたと同じように、ちゃんと話をまとめることができる。会議の場にもっと女性がたくさんいれば、率直に意見を述べられる可能性だって高くなる。私たちのアイデアを無視するのはもったいない。私たちがいればいい香りだってするし、そもそも場所だってとらない（大股座りの話を思い出して）。

言葉に気をつけて

　私たちのことを、口うるさいだの、威張りちらすだの、押しが強いだのと言わないで。傷つくし、ムッとするから。同じようにしていても、こっちは口うるさいだの威張りちらすだのと言われ、あなたたちは「気づかせてくれる」だの「厳格」だのと思われる（ときには「くどい」とか「イヤなやつ」と評されることもあるだろうけど）。

　それと、私たちに子ども相手のような言葉をかけるのもやめて。私たちはあなたの「子ども」でもなければ「かわい子ちゃん」でもない。ましてや「愛しのベイビー」ではない！　私たちはキュートかもしれないけれど、同時に「太刀打ちできない」くらい素晴らしい能力もある。ときには、相手の「息の根を止める」ことだってあるんだから。

あなたの権力をプラスの方向に使って

つまり、雇用の決定を下せる力があるなら（あるいは、履歴書を上にあげられる立場でもいい）、男性の応募者と同じ数だけ女性が応募してくるまで待ってほしい。もし女性の履歴書「だけ」あげてくれるなら、もっといい。ほかにもある。仕事を断るなら、代わりに推薦するのを女性にしてみる。あなたがメンターになれる女性を少なくとも１人は見つける。自分のチームに誰がどの程度関わっているかを見極めて、女性の参加度のほうが低いなら、それを是正する（もしくは、せめて是正できる人物に報告する）。

皿洗いをして

ある研究によると、男性は、家事を手伝う時間が多ければ多いほど、妻との性生活の時間も多くなるそうだ[20]（本当だって！）。性別による役割分担の問題は根深い。いまだに、結局は女性が家事の大半をする羽目になっている。もうすでに女性は、アメリカの家庭の３分の２において稼ぎ手であるにもかかわらず……。そのせいで女性たちは疲れ果て[21]、怒りっぽくなり、何かをしようという気力がまったくなくなってしまっているのだ。できれば、LGBTQ（訳注：性的マイノリティ。レズ、ゲイ、バイセクシャル、トランスジェンダー、クィアの略）の真似をしたい。調査で明らかになっているように、彼らは家事も決定権も分担しているし、家計はもっと対等だ[22]。人間関係は互いに思いやることがすべて、でしょ？　だから、こんなふうに考えてほしい。私が服を脱ぐから、あなたはそれを洗濯機に入れてちょうだい。

ベビー用品を持ち歩いて

子育てをする父親は、すべての子どもにいい影響を与える[23]。子どもたちが認識力や感情、社会性、そして突きつめていけば経済観念まで身につけるのにも役立つ。子どもが女の子なら、とくに責任重大だ。父親の存在は、娘の自尊心や自主性、向上心に多大な影響をおよぼす

Part 6　男性ならどうする？

から（ブリティッシュコロンビア大学によって行なわれたある調査によれば、家事をする父親を見ている娘たちは、教師や看護師といった、女性主流の典型的な職業にとどまらずキャリアを築いていきたいという思いを抑制することが少ない[24]）。もちろん、言うだけ言って実際には何もしないのではダメ。肝心なのは、有言実行。結局、それは絶対にあなたがたのためにもなる！　子どもとすごす時間が長い父親のほうが、仕事での満足感も高くなっている[25]。忍耐力も養われ、他者に対しても親身になれるし、柔軟性にも富んでくる——それに、ある研究者が声を大にして訴えているように、家事や育児をすることは長生きにもつながるそうだ[26]。

休みをとって

あなたの会社が父親の育児休暇取得を勧めているなら、率先して取得してほしい。「すべて」の親が子育てのために休暇をとるなら、仕事と家庭のバランス問題は「女性の」問題ではなくなる。これぞまさにヨーロッパふう。あなたは日頃、見聞の広さを自負してるでしょ？

女性を支持する会社を支持して

女性リーダーが多い会社は、業績もいい。協調性も高く[27]、収益もあがり[28]、開放的で[29]、権力の座に就いている女性も多い。おかげで女性たちは、意を強くして自分たちのアイデアを提示できる。いい香りだってする（これはもう言った？）。もしあなたが、「途上国の子どもに靴を届ける」トムスシューズや「環境破壊することなく製造を続けている」ヘアジェル、「フェアトレード」のコーヒーを買うのが面倒になってきているなら、同じ理想主義を、女性を支持する会社で活かしたらどうだろう？　裸足の子どもたちよりもはるかに多くの、権利を奪われた女性たちに出会うはずだ。

性的偏見にとらわれない男性の1日

Part 6　男性ならどうする？

結論
ともに戦う女性たち

あなたが何を選ぼうと、どれだけたくさん旅をしようと、願わくば、淑女になる道は選ばないで。ルールを破り、世の中に多少の波風を立てる道を見出すことを願ってるわ。

——ノーラ・エフロン

　2014年の一時期、私たちFFCのメンバー数人は、どん底まで落ちこんだかに見えた。そのころ私は、8年間のしがらみをすっぱりと切り捨ててフリーになり、自宅で（自分のベッドで、とも言う）仕事をしていた。それほど気分が落ちこんでいない日は、そのベッドから抜け出し、4件の仕事を同時にさばこうと四苦八苦して、原因不明のストレス性発疹に悩まされていた。

　そんなある日の午後、珍しくFFCのメンバーに引っ張り出されて自宅から出た。お互いの精神状態をチェックするためだった。私たち3人はイーストビレッジのカフェで落ち合い、注文をすませると、各自ピルケースを取り出した（中身はそれぞれ抗うつ薬、乳酸菌、ミントタブレット）。それをコーヒーで流しこんでから、お通じの話題が10分続いた。私たちはみんな、ストレスによる過敏性腸症候群だった。

結論　281

集まったのは、私とアマンダ、それにアズィー。アマンダはコメディライターで、数ヶ月にわたって不愉快きわまりない仕事を必死にこなしつつ、新しい仕事を探していた。でも結局、次の仕事のあてもないままにそこを辞めてフリーになった——のだが、だからといって「自由気ままに」生きていけるわけもなく、どんなものでもいいから仕事をまわしてほしいと言った。

　アズィーは、舞台のメーキャップアーティスト兼スタイリストだけど、そのとき妊娠4ヶ月。周囲から祝福されたときにふつうは見せるであろう「ものすっっっごく嬉しそうな、『母になる』喜び！」にあふれた顔ができるよう、必死になっていた。もちろん妊娠を喜んではいたけど、キャリアにどんな影響をおよぼすかが不安でもあった。実際、つわりがひどくて、すでに仕事に支障をきたしていた。においにものすごく敏感になっていたのに、メーキャップアーティストは、いろいろな人の顔と日がな一日向き合っていなければならなかったから。

　私とアズィーはアマンダにランチをご馳走し、アマンダは、アズィーがテーブルの上に（おえっと）ぶちまけちゃいそうと言うので、メニューであおいでやっていた。そしてアズィーは私にひとこと。「いいかげん髪を洗え」。そこでみんなして大笑いした。

　これも、FFCのいいところだ。私たちはそれぞれ、人生のある時点で抑圧されたり、仕事を失ったりした。進むべき道が定まらない、金欠、シャワーも浴びられない、不安にさいなまれる、といった状況も

282

あったけど、逆境にある互いを思いやった。クラブのメンバーは、その多くが成功を手にしていたものの、「いつでも」順風満帆な人などいなかった。「だからよかったんじゃない。みんな、『どん底』を経験してさ」と、アマンダは言った。「誰かがうまくいったときは喜んだけど、グチを言い合うことだってできたじゃない」

　たしかに、グチは山ほどあった。私たちはそれぞれ、プロとして自分の足でしっかりと歩いていた。だからこそ、ドアが開かれることもあったけど、閉じられることもあった（それも往々にして目の前で）。

　私たちは、途方に暮れたり、もがき苦しむ人たちも仲間に加えた。失業中に参加した人もいた。仕事のグチに生活のグチも混ざってきた。離婚、引っ越し、介護、子育て、あるいは、そういった諸々を犠牲にして自分のキャリアを「選んだ」という不安……。

　嬉しい話ももちろんたくさんあった。交渉がうまくいって昇給した、堂々と援護射撃し合えた、仕事の分担ができた、互いの履歴書を紹介し合えた……。なんであれ、仕事に伴う特権（カンファレンスや映画、講演のチケット）を享受し合えるようにもなってきた。ひたすら不満をぶちまけ合っていたのが、突然、何かに意識を集中させたり、決断したり、あるいは理解するようになったこともあった。

　つまり、私たちが文句を言っていることは、正しいサポートがあれば実行に移せる（理想の状況を手にすることすらできる）ことだったのだ。私たちに必要なのは、ときどき悩みを打ち明け、グチり、笑い飛ばして、ちょっぴり軽くなった心で翌日の仕事に行くことだった。

　FFCの6周年を目前にしたある晩、私たちは我が家に集まってケーキを食べた。集まるとたいていそうするように、そのときも車座になって仕事の近況を報告し合った。何かひとつ、自慢できる成果を添えて。テレビ番組の企画を売りこんで、クラブの仲間にその監督をお願いしたメンバーもいた。新たにプロデューサーの仕事を手にしたメンバーもいた。テレビ番組"Who Wants to Be a Millionaire（億万長者になりたいのは誰？）"で働くクイズ作家もいた。彼女はその仕事が嫌いだった

が、発想を転換して、ちょっとした気晴らしをすることにした。オフィスでイヤというほど性差別主義者の発言を耳にするので、番組では、フェミニストに関する問題を複数出すことを密かに誓ったのだ。

　その日最後に発言したのは、新メンバーだった。マーケティング会社を辞めたばかりの彼女は、本格的にライターになろうと決意していた。そう思えたのも、じつは"Who Wants to Be a Millionaire"で賞金を手にしたおかげだった。

　ノーラ・エフロンはかつて「バナナの皮を踏んで滑るなんてバカだ」と言った。だが、バナナの皮で滑ったことをみんなに話せば、それは話のネタになる。そうしているうちに、FFCのメンバーはもう滑らなくなった。代わりに、滑るように軽やかに前進しはじめた。サポートと励ましの波に乗って。ただ集うだけでなく、私たちには友情とメールと旅行と笑いがあって、それが私たちを前へ進ませてくれた。それがあるからこそ、早まった真似をしようなどと思わず、事態が好転するまで、じっくり待つことができた。

　「私たちにとっては、なくてはならない空気みたいなものだった」とアズィーが言った。彼女はFFCで一番若いけど、もう10ヶ月の女の子の母親だ。「バーに行って笑うのと同じ。病気になったり、お金がなかったり、落ちこんだりしたときの教科書ね。あるいは、性差別されてきた辛い仕事を辞めた友人におごるランチのようなもの——FFCが教えてくれたのよ、私たちはひとりじゃないって」

フェミニスト・ファイト・クラブの
立ちあげ方！

　私たちのFFCは、ニューヨーク市の狭いリビングで発足した。お供は安ワインとクラッカー。FFCの立ちあげ方に、正しいも間違いもない。だからあなたにもFFCを、あなたのやり方で立ちあげてほしい。本書の読者であり、男女平等を信じているあなたは、もうすでにFFCの永久会員。だけど、世界中に、その地ならではのFFCが存在し、いずれも独自のゴールを定めていることも知ってほしい。

　テキサス州のオースティンでは、500人ものメンバーがフェイスブックに集って、記事やニュースをシェアしている。トロントのグループは、ワシントンで行なわれたウィメンズ・マーチでデモ行進した。デモの前には手づくりパーティを主催して、見事な抗議のプラカードをつくった。

　ニューヨークにも、クリスティーナ・ゴンザレスという女性が率いるグループがあって、"She Fights（彼女は戦う）"と名乗っている。その実態は、有色人種の若い女性たちのためのボクシング・クラブで、彼女たちはダウンタウンにあるジムで定期的に会っている（スローガンは「ともに男性上位制を叩きのめそう」だ）。

　というわけで、あなたがグループを立ちあげるときのために、以下に、いくつかアドバイスを挙げておこう。

最初にすること

▶名前を決める

いつだって、名前のあるクラブのほうがずっと楽しい。秘密の質問。「世界を動かしているのは誰？」（答え：女性たち）

▶ゴールを決める

そのグループは、専門的なサポートグループ？　それとも政治的な活動を始めるためのひとつの手段？　目的は何？　なんであれ、あなたの選んだものを目指して頑張ることはできるだろうけど、ゴールは早い段階で決めておいたほうがいい。そこを目指して素早く邁進していけるはずだから。

▶メンバーを集める

FFC には、ともに戦うメンバーが必要だけど、まずはどこから始める？　フェイスブックから始めたグループもある。同じ考えを持った友人を招待し、さらに彼女たちに、同じ考えを持った友人を招待してもらうやり方もある。職場の机に本を 1 冊、目立つように置いて、興味を持ってくれた同僚と会話を始めたグループもある。FFC は、会社にも、大学にもある。メンバー集めは好きなようにすればいい。ただし、あらゆる人たちが集い、交流できる、非排他的なクラブだということは忘れないで。

▶ミーティングの場所を見つける

寮の部屋、アパートメント、カンファレンスルーム、喫茶店、図書館、天気のいい日の公園。オンラインでもオッケーだけど、できればときどきは直接顔を合わせよう。ミーティングの仕切りは、メンバーが順番にやってね（お菓子の用意も忘れずに！）。

ミーティング

▶1回目のミーティング：ようこそ FFC へ

まずは自己紹介だ。以下の情報を記したメッセージカードをまわすのもいいだろう。

●名前 ●職業 ●参加した理由 ●このグループを介して成し遂げたいことをひとつ

次に、グループのゴールをノートに書いて、そのゴールを達成するために、互いにどう助け合えるかを話し合ってみよう。

宿題：まだ本書を読んでいなかったら、次回のミーティングまでに読んで、どこに共感したかを話し合えるようにしておくこと。

▶2回目のミーティング：フェミニスト・ブック・クラブ

新しい参加者がいるなら、自己紹介をしてもらおう。前回と同じフォーマットを使えばいい。

●名前 ●職業 ●参加した理由 ●このグループを介して成し遂げたいことをひとつ

次は、みんなで読んだ本（同じ作品）について話し合う番だ。その本のどこが気に入った？　どんなところがイヤだった？　お菓子をつまみながら、自由にわいわい話し合おう。

宿題：FFC の戦い方を職場や学校で実践してみよう。そして、どうなったかを詳細にメモして、次のミーティングで報告しよう。

政治に関心を持つ

▶抗議集会に参加する

　同じ考えを持った人たちが何千人も集まって、信じるもののために平和裡に行進する唯一無二の行動だ。プラカードをつくったり、Tシャツを着たりして、あなたの理想を実現するために団結を示そう。

▶議員を囲む集まりに参加する

　たいていの議員は、年に数回、地元でタウンホールミーティングを行なって、有権者と直接会って訴えを聞く。自分たちが選んだ議員からじかに話を聞ける素晴らしい機会だし、質問もできるチャンスだ。もちろん、話をよく聞くだけでもいい。

▶議員に電話する

　調査によれば、地元の議員に電話をかけるのは最も効果的な方法のひとつだという。そう、メールでもフェイスブックでもない、電話だ。疑問があるときの電話のかけ方はこんな感じで。

　　初めまして、＿＿＿＿＿と申します。＿＿＿＿＿議員の選挙区民です。お電話させていただいたのは＿＿＿＿＿について関心があるからです。この政策（計画）は、私たち国民が支持しているものをないがしろにしています。＿＿＿＿＿議員がこの法案に反対されるのかどうかをはっきりとお聞きしたくて、お電話しました。

　　＿＿＿＿＿議員には、ぜひとも、強い信念をもって、この法案に反対する立場を公にしていただきたいと思います。

　　お時間をとっていただいて、ありがとうございました。

グループ活動

▶ゴールのビジョンを描く

　ひと晩かけて、来年あなたが達成したいゴールのビジョンを描こう。専門的なことでも、個人的なことでも、政治的なことでも何でもいい。大事なのは、「明確に」すること。そうすれば、進捗状況を追跡できる。さあ、自分の部屋でコラージュにいそしんでいた高校生のころに戻ったつもりで床に座ろう。そして、当時と同じようにしながら、ゴールにいたるコラージュをつくっていこう。

　必要なもの：古い雑誌、画用紙、テープ、ハサミ、マジック、さらにマジック。床いっぱい使って、あなたのゴールを描いていこう！

▶ボランティア

　あなたが信じることを支持している組織をリストアップし、どうすればそういった組織をサポートできるかを調べよう。募金、相談窓口の設置、ボランティア活動への参加、その組織の活動を口コミで広げる手伝い……、いろいろあるはるはずだ。

▶同人誌づくり

　手づくり感満載のお手軽な印刷物なら、ペンと紙とコピー機さえあれば大丈夫。テーマの例：反対運動、フェミニスト・ファイト・クラブ、好きな植物、犬、ファーストキス、あこがれの女性。

▶抵抗運動・セルフケア

　セルフケアは、ひいては革命的な行動につながる。正しいことを勝ち取るための戦いで払う犠牲を見くびってはいけない。抵抗運動に身を投じている私たち全員に必要なのは、適切な保養休暇だ。個人であれ、グループとしてであれ、睡眠や瞑想、運動を忘れずに。何もせず、ぼーっとするだけでもいいから。

宿題
女友だちに手紙を書く

　現代のような職場になるずっと前から、電話やくだらないテレビ番組が登場するずっと前から、さらには、女性が「パンツ」を穿くようになるずっと前から、女友だちはいた。女友だちとの絆はとても強い。16世紀にはもう、女性は親友となら同じ魂をわかち合えるが、夫とはまれにしかできないと言われていた。[1]

　昔から、友情は、ただ単調な日々をやりすごすため以上のものだ。それはまた、しばしば政治的な同盟でもあった。たとえば、女性の参政権獲得への道のりには、スーザン・B・アンソニーとエリザベス・キャディ・スタントン*との長きにわたる友情が寄与している。1848年には、活動家ジェーン・ハントが、セネカフォールズで（友人ルクレティア・モットのために）主催した「女性だけの夕食会」が、結果として史上初の女性の権利のための集いとなった。エレノア・ルーズベルトが政界に台頭した要因のひとつにも、友人の存在があった。

　昔から、女友だちは互いに手紙でコミュニケーションをとってきた。キーワードは「ペン」。正真正銘のインクペンだ。その手紙には、彼女たちの不満が綴られた。それがきっかけとなって、ストライキや抗議集会が催されていった。もちろん、手紙には互いへの深い友情も記した。彼女たちはよく、「姉妹の絆で結ばれた汝のもの」と署名をしていた。

　クールじゃない？

　というわけで、FFCからあなたへの宿題だ。女友だちに手紙を書き、彼女があなたにとってどれだけ大切かを伝えよう。

＊　蛇足かもしれないけど、彼女は夫ヘンリー・ブルースター・スタントンと結婚するときに、誓いの言葉から「従う」という言葉を省いた。

DEAR GIRLFRIEND,

親愛なるあなたへ

忘れないで
DON'T FORGET

YOU DON'T
HAVE TO
SMILE

無理に
笑わなくていい

MOOD 気分

FUCK
DIAMONDS,
YOU ARE MY
BEST FRIEND

ダイヤなんかクソ食らえ。
あなたが私の親友よ

「フェミニスト・カクテル」リスト

（同意の上の）セックス・オン・ザ・ビーチ

女友だちに、カクテルに入れたいものを聞こう。それにピーチシュナップスを加えて、彼女にプレゼントだ。

ノット・ソー・オールド・ファッションド

オールド・ファッションドを注文する。それから、仕事があり、「自分の」家があって、独身でいることがどんなに素晴らしいかを語り合おう。

プリンス・チャーミング

女友だちとめちゃくちゃ酔えば、靴を片方なくすだろう。

UTI

ウォッカ。クランベリー。尿路感染症にはこれを一緒に飲むのが一番！

サフラジスト（婦人参政権運動メンバー）

女友だちに、何を飲むか投票してもらって、それをピッチャーごと用意しよう。

ロングアイランド・アイスティーズ

誰かにロングアイランド・アイスティーをねだろう。ただし、お酒だけ。お持ち帰りはなしよ。

レディ・ビア

ビール。それは女性によって生み出されたものだ。

「フェミニスト・ファイト・クラブ作　ミックステープ」1.ワーク・イット：ミッシー・エリオット／2.コントロール：ジャネット・ジャクソン／3.ナン・オブ・ユア・ビジネス：ソルト・ン・ペパー／4.クレイジー・オン・ユー：ハート／5.インデストラクタブル：ロビン／6.***フローレス：ビヨンセ／7.レベル・ガール：ビキニ・キル／8.フィーリング・マイセルフ：ニッキー・ミナージュ／9.ノー・スクラブス：TLC

1. WORK IT - MISSY ELLIOT 2. CONTROL-
JANET JACKSON 3. NONE OF YOUR
BUSINESS - SALT-N-PEPA 4.
CRAZY ON YOU - HEART 5. INDESTR-
UCTIBLE - ROBYN 6. *** FLAWLESS -
BEYONCE
7. REBEL 8. FEELING
GIRL- MYSELF -
BIKINI KILL NICKI MINAJ
9. NO STAND BACK-
SCRUBS- STEVIE NICKS
TLC 11. BITCH BETTER
HAVE MY MONEY - RIHANNA
12. TKO - LE TIGRE 13. CHERRY BOMB -
THE RUNAWAYS
AGUILERA 14. CAN'T HOLD US DOWN - CRISTINA
& LIL'KIM 15. Q.U.E.E.N. -
JANELLE MONAE & ERYKAH BADU 16. WHIP MY HAIR-
WILLOW
17. TECH BRO - CHILD BIRTH 18. GIRLS! GIRLS!
GIRLS! - LIZ PHAIR 19. DOO WOP (THAT THING) - LAURYN HILL

FEMINIST FIGHT CLUB
THE MIX TAPE

10.スタンド・バック：スティーヴィー・ニックス／11.ビッチ・ベター・ハヴ・マイ・マネー：リアーナ／12.TKO：ル・ティグレ／13.チェリー・ボム：ザ・ランナウェイズ／14.キャント・ホールド・アス・ダウン：クリスティーナ・アギレラ＆リル・キム／15.Q.U.E.N.：ジャネール・モネイ＆エリカ・バドウ／16.ウィップ・マイ・ヘア：ウィロー・スミス／17.テック・ブロ：チャイルドバース／18.ガールズ！　ガールズ！　ガールズ！：リズ・フェア／19.ドゥー・ワップ（ザット・シング）：ローリン・ヒル

参考文献

本棚に

- 『男も女もみんなフェミニストでなきゃ』（チママンダ・ンゴズィ・アディーチェ／河出書房新社）
- 『アメリカ黒人女性とフェミニズム：ベル・フックスの「私は女ではないの？」』（ベル・フックス／明石書店）
- 『バッド・フェミニスト』（ロクサーヌ・ゲイ／亜紀書房）
- 『カラーパープル』（アリス・ウォーカー／集英社）
- 『首のたるみが気になるの』（ノーラ・エフロン／集英社）

浴室に

- 『からだ・私たち自身』（ボストン女の健康の本集団／松香堂書店）

コーヒーテーブルに

- 『"ときめかない"ことなら、やめちゃえば？：ニューヨーク女性の「自分らしく」生きる考え方』（サラ・ナイト／秀和システム）

子どもに

- 『世界を変えた100人の女の子の物語』（エレナ・ファヴィッリ、フランチェスカ・カヴァッロ／河出書房新社）

オンラインでFFCを見つけるなら

- Feministfightclub.com

歴史に見るFFC
決起した女性たち

アルファ・サフリッジ・クラブ（ALPHA SUFFRAGE CLUB）
　アイダ・B・ウェルズは、ローザ・パークスがバスで白人に席をゆずるのを拒んだ70年以上も前に、女性用の一等客車から降りるよう命じられたとして、メンフィス・アンド・チャールストン鉄道を訴えた。このグループは、そのウィルズが黒人女性の参政権を求めて立ちあげたもの。1913年に、女性参政権を求める行進に参加したときは、最後尾で行進するよう言われたとたん、列の先頭を陣取った。

聖書改訂委員会（BIBLE REVISION COMMITTEE）

神は女性

　1800年代後半、エリザベス・キャディ・スタントンの指導で、"The Woman's Bible（女性の聖書）"を執筆するために26人の女性たちが集ってできた会。女性は男性に従属すべしというキリスト教の伝統的な見解への挑戦だった。

ブルーハス（BRUJAS）
　1980年代のパンクカルト映画"Skate Witches（スケートの魔女たち）"（ティーンエージャーの男子スケーターを脅かす、女子スケーターたちの話）にちなんだ名のグループ（訳注：ブルーハスは「魔女」のスペイン語）。12歳のときから、ブロンクス出身のラテンアメリカ女性が集まって一緒にローラースケートをし、これまでに、ローラースケート文化を浸透させるほか、有色人種の女性たちを励まし、支援してきた。いわく「私たちはどんな男のギャングとも違う、独自のギャングなの」。

燃えつきたビジネスウーマンのための協会（BOBWA）（BURNED OUT BUSINESSWOMEN'S ASSOCIATION）

メンバーの共通点は疲労困憊。1994年にカンザスシティの母親にして重役マーシャ・ハインズによって立ちあげられた。自分が「四六時中冗談抜きで疲れ切っている」ことに気づいたのがきっかけだ。

キャラメル・カーブズ（CARAMEL CURVES）
ニューオリンズ初の女性だけのバイククラブを立ちあげたのは、街でよく目にする中小企業経営者たちだった。ネイルサロンのオーナー、看護師、理髪師、葬儀屋……。結成のアイデアは前からあったが、2004年にハリケーン・カトリーナが街を襲った被害で、実現が遅れた。でも、いまやグループは絶好調だ。女性のための居場所として、仲間意識や各人の自信を深めつつ、タイヤをバンバン焦がしている。

CELL16（セル）
「女性たち！ 息をつきたいなら私たちのところへ」。これは、ボストンにあるこのグループが参加を呼びかけたときの新聞広告だ。CELL16は、女性がレイプされた地域のパトロールを手伝ってきた。1969年にはニューヨーク市で開かれた史上初の女性の議会に参加し、そこで長い髪をバッサリと切った。長い髪は男に「従属している」から、と。

チュリータ・レコードクラブ（CHULITA VINYL CLUB）

＊spinster＝未婚女性

テキサス南部にある、レコード一辺倒の女性DJが集うこのクラブには、ロックとソウルとパンクと、珍しいメキシカン音楽のレコードが混在している。その目的は、DJ文化における男性支配をくつがえすことだ。

コムビー川共同体（COMBAHEE RIVER COLLECTIVE）
かつてハリエット・タブマンが750人もの奴隷を解放した地、サウスカロライナ州を流れるコムビー川にちなんだ名をもつグループ。黒人でレズビアンのフェミニストの集まり。1970年代に、国際黒人フェ

ミニスト組織から派生して、ボストンで集会をしたのが始まりだ。黒人で女性で「しかも」レズビアンという三重苦に戦いを挑む。東海岸沿いに建つ保護シェルターのスポンサーになり、虐待された女性のシェルターを各地につくり、人種差別に抗議する声明を発表しつづける。

フェミニスト空手連盟 (FEMINIST KARATE UNION)

この自衛部隊は、1970年代にワシントンとオレゴンで起きた、若い女性ばかりをねらったテッド・バンディによる連続殺人犯事件を受けて結成された。連盟では今でも、女性と子どものためのフルタイムの空手教室が開かれている。講師も女性だ。

フューリズ (THE FURIES)

「反乱を起こしたレズビアンたち」の集団で、1970年代前半には共同生活をしていた。衣服は共用、家事は分担で、男性に頼らなくてすむように、車や家の修繕のしかたを教える学校も始めた。当時数多くあったレズビアン分離主義クラブのひとつ。彼女らはそれぞれ「女性の国」をつくり、「前衛的なレズ」などの名前をつけ、レズビアニズムを「性的嗜好の問題ではなく、政治的選択のひとつ」とみなした。

ゴッサム・ガールズ (GOTHAM GIRLS)

2003年設立。ニューヨーク市唯一の、ローラースケート競技の女性リーグ。所属しているのは、世界中の最強＆最悪の町から集まった、強靱で多彩な独立独歩の女性だ。

グレー・パンサーズ (GRAY PANTHERS)

50歳をすぎても女性はまだ終わりじゃない！　それを証明する高齢者の権利擁護団体。長老派教会を退職させられた活動家マギー・クーンが設立した。「アメリカでいまだに活用されていない、過小評価された人間の最大のエネルギー源、それは高齢者と女性だ」と主張する。

決起した女性たち

ゲリラ・ガールズ（GUERRILLA GIRLS）

　素性不明の女性アーティストグループで、30年もアート界で暴れまわっている。ゴリラのマスクをかぶり、ゲリラ型のストリートアートを通じて、性差別、人種差別、報酬の不均衡を訴える。あるポスターでは、ゴリラのマスクを被った全裸の女性がこう問いかけている。「女性がメトロポリタン美術館に入るには、裸じゃなきゃダメなの？」

ジェーン・コレクティブ（JANE COLLECTIVE）

　中絶を行なう地下組織。コードネームは「ジェーン」。「ロー対ウェイド事件」（訳注：妊娠中絶手術を禁ずるテキサス州法は違憲だとして、「ジェーン・ロー」という仮名の女性が、テキサス州の地方検事ウェイドを訴えた）の判決が下されるまで、1万1000人以上の女性の中絶手術を助けてきた。組織の存在は口コミで広まり、最初はクリニックに女性たちを運ぶだけだったが、最終的には自分たちも中絶手術のしかたを学んだ。

女性サイクリスト連盟（LADY CYCLISTS ASSOCIATION）

　1896年に、女性参政権論者スーザン・B・アンソニーが、ジャーナリストのネリー・ブライに語ったように、「世界で最も女性解放に貢献した」のは自転車だった。女性たちは自転車のおかげで、新たな移動手段や自立を手に入れ、行動範囲を一気に広げていった。

レズビアン・アベンジャーズ（THE LESBIAN AVENGERS）

　レズビアンの問題に関心を持ってもらうため、1990年代に結成。バレンタインデーには、グランド・セントラル駅で「レズビアンにキスされた」と書かれたキスチョコを配った。ブライアント・パークでは、恋人のガートルード・スタインと抱き合っているアリス・B・トクラスの張りぼてを披露した。オレゴンでゲイの男性とレズビアンの女性がシェアしていた家に火炎瓶が投げこまれ、2人が焼死した事件では、

その追悼行事で炎を飲みこんだり。それからは、それがド派手なトレードマークとなった。

女性解放学校 (LIBERATION SCHOOL FOR WOMEN)

1970年代にシカゴで設立。彼女たちは女性に、車のディストリビューターとキャブレターの違い、クリトリスとヴァギナの違い、弁護士なしに離婚する方法を教えた。当初、このグループを構成していたのは、レジ係や秘書、教師、看護師、学生、専業主婦といった女性たちで、大半がほとんど、あるいはまったく大学教育を受けていなかった。

ルーシー・ストーン・リーグ (LUCY STONE LEAGUE)

初期の熱心なフェミニスト運動家ルーシー・ストーン（旧姓を使いつづけた最初の女性だ）にちなんで名づけられたこのクラブは、1921年、女性の姓に対する権利を守るために設立された。既婚女性の改姓に反対する彼女たちは「ルーシー・ストーナーズ」と呼ばれ、女性が財産を所有し、法的文書に本来の姓で署名できる権利を強化するのに寄与した。

戦う専業主婦たち (MILITANT HOUSEWIVES)

大恐慌時代に活躍したこの女性たちは、食料品と家賃の価格統制を求めて、国中でボイコットやロビー活動を行なった。クリーブランドでは、黒人女性たちが停電に抗議して、濡れた洗濯物を公共設備配管の上に干した。シカゴでは、ポーランド人女性たちが食肉問屋に押しかけ、値上げは品不足のせいではないことを示すために、何百キログラムもの肉に火を放った。ニューヨークでは、ユダヤ人女性たちが立ち退き勧告に抗議し、家具でバリケードをつくって自宅に立てこもった。彼女らは熱湯を入れたヤカンを振りまわし、「家具を動かそうとすれば、誰であれこのヤカンをお見舞いする」と脅した。

決起した女性たち

ニュースガールズ（THE NEWSGIRLS）

トロントのダウンタウンにあるボクシングクラブ。メンバーは全員、性同一性障害を容認する女性。2010年、カナダのボクシング全国大会では、メダルを6つも獲得した。通常のボクシングクラスに加えて、毎週金曜の夜は映画の日として『ガールファイト』を上映、みんなで縫い物をしたり、地元のレイプ被害者や女性用シェルターの資金集めイベントに参加したりもしている。

ニューヨーク・ラディカル・ウィメン（NEW YORK RADICAL WOMEN）

全米女性機構（訳注：女性差別撤廃、男女平等を求めるアメリカ最大の女性組織）などより急進的な組織として設立された。1968年には、アトランティックシティのミス・アメリカ・コンテストに抗議。「女性解放」と書いた巨大な横断幕を掲げ、ブラジャーやガードル、カーラーを「自由のゴミ箱」に投げ捨てて物議をかもした。

ナンズ・オン・ザ・バス（NUNS ON THE BUS）

バチカンが、「アメリカの修道女は、カトリックの教義と相入れない過激なフェミニストの主張をあと押ししている」と言ったことに対抗して、ローマ・カトリックの修道女たちが2012年に立ちあげた。彼女たちは、9つの州のホームレスのシェルターや食糧配給所などさまざまな場所へ赴き、自分たちの社会奉仕活動の価値を強く訴えた。

からだ・私たち自身（OUR BODIES, OURSELVES）

このグループの女性たちが初めて小冊子を発行したのは、女性に自慰やバースコントロール、そしてクリトリスについて教えるためだった。印刷ではなく、コピーしてつくられたその小冊子は、ボストンで1部75セントで販売。執筆した12名の女性はみな医療の専門家ではなかったが、よりよい知識があれば、女性は自分の健康を自分でしっ

かり守っていけると確信していた。

オーバリアン・サイコ自転車集団（OVARIAN PSYCOS BICYCLE BRIGADE）

「卵巣が大きけりゃタマはいらない」を掲げる、女性ばかり（大半はラテンアメリカ系）の自転車集団。街で目にする自転車に乗っている人が圧倒的に男性なのに対抗して、2011年にロサンゼルスで結成された。非営利組織の職員と地域社会活動家からなり、「女性の柔術」イベントや、満月の夜のツーリング、年一度の「クリトリスのミサ」というツーリングなども行なう。

プロジェクト・プッシー（PROJECT PUSSY）

ブルックリンのアーティストが始めた、ステッカーを貼るプロジェクト。「どの都市でも目にする『陰茎と睾丸』の落書き」に対抗する愉快な試み。彼女たちがニューヨーク市内の公共物に貼っているのは、色鮮やかなヴァギナのステッカーだ。

ラディカル・モナークス（RADICAL MONARCHS）

オークランドに拠点を置く、有色人種の少女のためのクラブ。メンバーは、公民権のためのデモ行進、美しさの基準に抗議する運動、あるいは、すべての人を理解し受け入れる運動などに参加し、そのたびにもらえる、運動ごとに異なるバッジを集めている。また、バレンタインデーには、「根本的な愛（ラディカル・ラブ）」を実践するため、アメリカ人のフェミニスト学者ベル・フックスの著作を読み、自分や仲間に宛てて心温まるメッセージを書く。

合理服協会（RATIONAL DRESS SOCIETY）

「女性は総重量3キロを超える下着を身につけるべきではない」、それがこの協会の信念。ビクトリア朝時代の女性が身につけることを余

決起した女性たち　301

儀なくされた窮屈きわまりない服（クジラのひげを使ったコルセットにペチコート、腰当て、重いドレスの裾）に対して、この協会は女性がもっと自由に動きまわれる、「健康、心地よさ、美しさ」を元にした服装を提唱した。

ライオット・ガール（RIOT GRRRL）

1990年代初頭、「女性による反乱」を起こしたいと考えた友人たちが集まってできた集団。陰鬱なワシントンのオリンピアを飛び出した彼女たちは、ビキニ・キルやスリーター・キニーのようなバンドを結成しては、自分たちの曲でレイプや暴力を歌い、同人誌を刊行し、「女性のパワー」を世に広めた。「ほかの女性たちをサポートしよう」というのも、彼女たちの変わることのないメッセージのひとつだ。

赤い旅団（THE RED BRIGADE）

2001年に月経のタブーを打ち砕くために行なわれたミシガン女性音楽祭で、この女性グループは全身に赤い絵の具を塗りたくって行進した。そのとき掲げていたスローガンには、「赤い革命に参加しよう！」や「女性性器から企業を追い出せ」などがある。『レッド・アラート（非常警報）』という同人誌も刊行した。

レッド・ストッキング（REDSTOCKINGS）

このグループの名前は、ふたつの伝統を組み合わせて生まれた。今よりも前の世紀のインテリ女性たちの蔑称となっていた「ブルーストッキング」と、革命を意味する「レッド」だ。中絶について公に話をする「自由に語る集い」と、素早い異議申し立ての活動で知られる。

スカム (S.C.U.M.)

1967年、ニューヨーク市の作家ヴァレリー・ソラナスによって発表されたマニフェスト「S.C.U.M.宣言」は、男性を「不完全な女性」として風刺した。男性は、Y染色体のせいで感情が乏しく、自分本位で、他者の気持ちを理解できず、それゆえに不備がある、と。この団体は、宣言書をガリ版刷りにし、2000部をコミュニティ内で配った。代金は女性が1ドル、男性が2ドルだった。

シェイムレス・ハッシー (SHAMELESS HUSSY)

この女性だけの出版社が設立されたのは1969年、アメリカで印刷される本の94パーセントが男性の著者という時代だった。以後20年にわたって、多くの女性作家がここから本を出すことで声をあげてきた。著者のなかにはこの出版社の創設者もいて、彼女はアメリカで初めて、あからさまなレズビアンの愛の詩を出版した。「シェイムレス・ハッシー」というのは「すれっからし」という意味で、創設者の母親がよしとしない女性に対して使っていた言葉だった。

シー・ファイツ (SHE FIGHTS)

ニューヨーク市に暮らすティーンエージャーの女の子たちが自信を持つことを目的としてつくられたボクシングジム。2016年の設立以来、急速に発展している。ここではボクシングをツールとして、不安な気持ちとしっかり向き合い、パンチを一発放つたびに不安をぶち壊していくよう、女性たちを励ます。ジムのスローガンは「ともに男性上位制を叩きのめそう」。

ソジャーナ・トゥルース門人会 (SOJOURNER TRUTH DISCIPLES)

熱心な奴隷制度廃止論者にして元奴隷でもあったソジャーナ・トゥルースにちなんで名づけられたクラブ。1960年代に結成。メンバーはフィラデルフィアの元受刑者たちで、女性の服役環境改善に尽力した。

決起した女性たち

サフラジスト（女性参政権論者）(THE SUFFRAGISTS)

行進をし、ピケを張り、かがり火をたく。警察に指の骨を折られたうえ、「非社会的な行動」を矯正するとして精神的な苦痛にさらされる——それらすべてを最初に経験したのはこのグループのメンバーだった。女性の投票権を認めるアメリカ合衆国憲法修正第19条が成立したのは、彼女たちのおかげだ。

卵巣最高！(THAT TAKES OVARIES!)

始まりは何気ないひとこと——「うん、卵巣最高！」だった。それがやがて、女性が決然と立ち向かう話を上演する劇団へと発展していった。創設者いわく、卵巣があるということは、単に生殖器官を所有しているだけでなく、「確固たる独自の主張」を持っていることも意味する。

第三世界女性連合 (THIRD WORLD WOMEN'S ALLIANCE)

1970年代、このグループは「黒人女性宣言書」を発表した。共同署名者はエレノア・ホルムズ・ノートンとフランシズ・M・ビール。ビールが1969年に発表した有名なエッセイ「二重の危険：黒人であることと女性であること」は、当時の決定的な教本のひとつとされている。宣言書はこう謳っている。「黒人女性が求めるものはふたつ。ひとつは新たな女性の定義であり、もうひとつは、自身を女家長制の元凶や犠牲者、赤ん坊を産むだけの存在と考えるのではなく、市民、伴侶、友人とみなす自覚である」

真実の集団 (TRUTH SQUADS)

9～10人からなるこのグループは、1960年代のニューヨーク市のあちこちでよく目にした。彼女たちは、突然誰かの夫のもとに押しかけると、妻からの不満リストを突きつけた。

TWATチーム（TWAT TEAM）

　湾岸戦争のさなか、シカゴでレズビアンの活動家たちによって結成された劇団TWAT（Theatre With Alienating Tendencies＝反目の劇団）は、伝統的な性別役割分業や同性愛嫌悪症を風刺し、女性の陰部を指す"twat"のような俗語の復権を目指した。

女性行動連合（WAC）

　アニタ・ヒルに対するセクハラ事件（訳注：1991年、男性上司によるアニタ・ヒルへのセクハラに関して上院で公聴会が開かれたが、その内容の多くが虚偽やヒルを中傷するものだった）を受けて立ちあげられたグループ。男性は歓迎されなかったが、女性なら誰でも入れた。メンバーは全員平等。ドラムを打ち鳴らし、性具の水鉄砲を使って「WAC攻撃」と称する色鮮やかなデモを数多く行なうなど、いちずに行動した。

WASPS（Women Airforce Service Pilot）

　1942年、アメリカが真珠湾攻撃に浮き足立ち、資格を有する男性パイロットの需要が追いつかなくなっていたときに登場したのが彼女たちだ。WASP（アメリカ空軍女性パイロット部隊）として知られるこの女性たちは、アメリカ初の女性飛行隊で、米軍の一員とみなされることは決してなかったものの、彼女たちがいなければ、戦争遂行は難しかっただろう。

ペニス馬鹿野郎（THE WEENIE WACKERS）

セックスの相手には
A

　「セックスの相手にはA」とは、男性の大学教授たちが成績をつける際に用いていた非公式な指針だ。1960年代には、カリフォルニア州立大学サクラメント校のような大学内でも、それがごくふつうだった。女性のグループは、ひとつあれば十分だった。ハロウィンの日、彼女たちは魔女の衣装をまとい、頭には性具とブラ

ジャーをつけた。そして、性的加害者たちが待つ研究室へひとりずつ入っていく。連中に魔法をかけるために。魔女たちは、怯える教授たちを立たせて、言い放った。「恥を知れ!」。教授たちが研究室にいないときは自宅へ行き、スプレーで「ここは豚野郎の家」と書いて世間に知らしめた。

女性漫画集団（WIMMEN'S COMIX COLLECTIVE）

"Tits & Clits"や"Dynamite Damsels"のような作品を描いていた女性漫画家たちが、アンダーグラウンド・コミックス界の性差別と戦うためにこのグループを立ちあげたのは、1970年代のことだ。活動は1992年まで続き、女性だけのアンソロジー・コミック雑誌の最長記録を塗り替えた。

女性解放ロックバンド（WOMEN'S LIBERATION ROCK BAND）

1970年代に、シカゴとニューヘイブンで結成。「ウィメンズ・リベレイション・ロックバンド」は正真正銘の実在するバンドで、アルバムもリリースしている。そのなかには、「エイント・ゴナ・マリー」や「ディア・ガバメント」「ソウ・ファイン」などの曲が入っていた。

女性の酒場（THE WOMEN'S SALOON）

団結

1974年、ロサンゼルスにできたこの酒場は、壁を女性たちのアートで飾り、ダイエット飲料は禁止、ウェイトレスも笑顔や「元気」を求められることはなかった。おまけに、酒代が払えない女性も受け入れた（そういう女性たちは、酒代がわりに皿洗いをすればよかった）。

すべての赤い国の女たち（WARN）（WOMEN OF ALL RED NATIONS）

WARNは、1970年代に最もよく知られていたネイティブアメリカンの女性組織だ。30を超える部族の女性たちからなっていて、政府によ

るネイティブアメリカン女性への強制不妊手術撤廃のキャンペーンに尽力した。

女性グラフィックアート集団（WOMEN'S GRAPHICS COLLECTIVE）

「女性たちよ、ともに立ちあがろう！」「女性は売春婦じゃない」と宣言したポスターを掲げたこのグループは、女性運動における主張のビジュアル化に多大な貢献をした。シカゴで活動していたが、予算は乏しかった。メールでコンタクトするときは、「本来は男性相手に使うはずの"Dear Sir"で始まるメールにはうんざり」などと書いていた。

地獄の国際女性テロリスト謀議団（W.I.T.C.H.）

W.I.T.C.H.(the Women's International Terrorist Conspiracy from Hell)のメンバーは、魔女はもともと女性の反逆者だと宣言し、「急襲者」を自称する街頭演劇に力を注いだ。たとえば、魔女の衣装をつけ、ニューヨーク証券取引所に行き、取引中の男たちをジロジロと見つめる、というように。

世界労働者組合（W.O.W.）

事務職に携わる80万人以上を代表するW.O.W.(the World Organization of Workers)は、職業紹介所に不服申し立てをし、人種、性別、年齢による差別に終止符を打つために戦ってきた。1979年には小冊子を出版し、こう宣言した。「我が人生における最も幸福だった日、それはクリトリスを見出した日だ」

戦いの記録

自分で記入しよう

戦いの日

敵

場所

詳細

戦いの駆け引きに利用したもの

うまくいったか

次の戦いのためのメモ

決起した女性たち

注

はじめに

1. 米国大学女性協会「賃金格差の卒業：大卒男女の初年度給与」2013 年。http://www.aauw.org/files/2013/02/graduating-to-a-pay-gap-the-earnings-of-women-and-men-one-year-after-college-graduation.pdf
2. リンダ・バブコック、サラ・ラシェーヴァー共著『そのひとことが言えたら…働く女性のための統合的交渉術』（森永康子訳、北大路書房、2005 年）
3. Facebook　ジェンダーバイアストレーニング　https://managingbias.fb.com
4. クリスティアン・L・デジェ、デビッド・ギャディス・ロス「トップマネジメントにおける女性の代表は企業パフォーマンスを向上させるか。パネルデータによる実証分析」Strategic Management Journal 33, no. 9 (September 2012): 1072–89. セドリック・ヘリング「多様性は利益があがるか。人種、ジェンダー、ビジネスケースにおける多様性」American Sociological Review 74, no. 2 (April 2009): 208–24.
5. アリソン・クック、クリスティ・グラス「女性は公平に昇進するか。指導者を構成するジェンダーが、アメリカ企業における LGBT に優しい政策に及ぼす影響」Human Relations 69, no.7(February,2016):1431-56.
6. サマンサ・C・ポースチャン＝アンダーダール、リーサ・スラッテリー・ウォーカー、デビッド・J・ウォー「リーダーシップの有効性におけるジェンダーと認識：文脈的モデレーターのメタ分析」Journal of Applied Psychology 99, no. 6 (January 2013): 1129–45.
7. ブラッド・M・バーバー、テランス・オディーン「男の子はいつまでたっても男の子：ジェンダー、自信過剰、そして一般的な株式投資」The Quarterly Journal of Economics 116, no. 1 (February 2001): 261–92.
8. キャティー・ケイ、クレア・シップマン共著『なぜ女は男のように自信をもてないのか』（田坂苑子訳、CCC メディアハウス、2015 年）
9. デーナ・L・ジョセフ、ダニエル・A・ニューマン「心の知能指数：統合的メタ分析とカスケードモデル」Journal of Applied Psychology 95, no. 1 (January 2010): 54–78.https://pdfs.semanticscholar.org/9f9d/58b5894ba0945d77dfec92193408a808742a.pdf
10. マッキンゼー・グローバル・インスティテュート「女性の平等を推進し、世界経済の成長を 12 兆ドル増大させる方法」2015 年。http://www.mckinsey.com/global-themes/employment-and-growth/how-ad-vancing-womens-equality-can-add-12-trillion-to-global-growth

Part 1

1. クリストファー・F・カーポウィッツ、タリ・メンデルバーグ、リー・シェイカー「熟議におけるジェンダー不平等」American Political Science Review (August 2012): 1–15. http://www.bu.edu/wgs/files/2014/12/Karpowitz-et-al.-2012.pdf
2. マリアン・ラフランス「ジェンダーと阻害：社会秩序における個人の違反行為あるいは妨害？」Psychology of Women Quarterly 16 (1992): 497–512. http://interruptions.net/literature/LaFrance-PWQ92.pdf. クリスティン・J・アンダーソン、キャンベル・リーパー「会話の阻害に見るジェンダー効果のメタ分析：誰が、何を、いつ、どこで、どんなふうに」Sex Roles 39, nos. 3–4(199 8): 225–52. https://pdfs.semanticscholar.org/5544/d3807421fcae3888157a4381221a84bcd75d.pdf
3. エイドリエン・ハンコック、ベンジャミン・ルビン「言語に見るコミュニケーションパートナーのジェンダーの影響」Journal of Language and Social Psychology, May 11, 2014. http://jls.sagepub.com/content/early/2014/05/09/0261927X14533197 ヴィクトリア・L・ブレスコール「立ちあがる人とその理由：組織におけるジェンダー、パワー、饒舌」Administrative Science Quarterly 56, no. 4 (December 2011): 622–41.

4. キャロル・W・ケネディ、カール・カムデン「阻害と非言語的性差」*Journal of Nonverbal Behavior* 8, no. 2 (December 1983): 91–108.9 get a good seat. キャスリン・ヒース、ジル・フリン、メアリー・デイビス・ホルト他著「食い違う男女の認識　なぜ女性は経営会議で堂々と発言できないのか」『ハーバード・ビジネス・レビュー』2015年4月号（ダイヤモンド社）

5. ヘザー・サーソンズ「共同作業に対する認識における性差」2015年12月3日付研究報告書 http://scholar.harvard.edu/sarsons/publications/note-gender-differences-recognition-group-work.

6. Facebook　ジェンダーバイアストレーニング マデリン・E・ヘイルマン、ミッシェル・C・ヘインズ「功績があっても認められない：男女混合チームでの女性の成功に見る権能の正当化」*Journal of Applied Psychology* 90, no. 5 (September 2005): 905–16. https://www.researchgate.net/publication/7601002_No_Credit_Where_Credit_Is_Due_Attributional_Rationalization_of_Women's_Success_in_Male-Female_Teams

7. シェリル・サンドバーグ、アダム・グラント「マダム CEO、コーヒーをいれてくれ」. *New York Times*, February 6, 2015. https://www.nytimes.com/2015/02/08/opinion/sunday/sheryl-sandberg-and-adam-grant-on-women-doing-office-housework.html

8. ライマン・アボット「女性が選挙権を望まない理由」The Atlantic, September 1903. https://www.the atlantic.com/magazine/archive/1903/09/why-women-do-not-wish-the-suffrage/306616/

9. サンドバーグ、グラント「マダム CEO、コーヒーをいれてくれ」

10. ナショナル・パブリック・ラジオ「宇宙で生理になったら？」2015年9月17日 http://www.npr.org/sections/health-shots/2015/09/17/441160250/what-happens-when-you-get-your-period-in-space.

11. ブレスコール、ウルマン「怒れる女性たちは出世できるか」、ジョアン・C・ウィリアムズ、レイチェル・テンプシー共著 *What Works for Women at Work: Four Patterns Working Women Need to Know* (New York: NYU Press, 2014), 100.

12. シェリー・J・コレル、スティーブン・ベナード、イン・パイク「母であることは不利なのか」*American Journal of Sociology* 112, no. 5 (March 2007): 1297–339. http://gap.hks.harvard.edu/getting-job-there-motherhood-penalty. *What Works for Women at Work: Four Patterns Working Women Need to Know* の共著者、ジョアン・C・ウィリアムズによる、リーンイン・オーガニゼーション用に製作されたビデオ http://leanintokyo.org/what-works-for-women-at-work-part3/ コレル、ベナード、パイク「母であることは不利なのか」の計算をベースに。

13. ウィリアムズ、テンプシー共著 *What Works for Women at Work*

14. リーンイン・オーガニゼーション、マッキンゼー・アンド・カンパニー「職場の女性 2015」https://www.mckinsey.com/business-functions/organization/our-insights/women-in-the-workplace

15. ベアトリス・アランダ、ピーター・グリック「家族を犠牲にして仕事に専念するのは、母であることを不利にする合図」*Group Processes and Intergroup Relations*, May 23, 2013. http://journals.sagepub.com/doi/abs/10.1177/1368430213485996?journalCode=gpia

16. ボリス・B・バルテスおよびその他「柔軟にして簡潔な週末のスケジュール：仕事関連の基準に見る影響のメタ分析」*Journal of Applied Psychology*, 1999. https://www.researchgate.net/publica-tion/232480680_Flexible_and_Compressed_Workweek_Schedules_A_Meta-Analysis_of_Their_Effects_on_Related_Criteria.

17. トマス・チャモロ＝プリミュージック「なぜこれほど多くの無能な男性がリーダーになるのか」。*Harvard Business Review*, August 22, 2013. https://hbr.org/2013/08/why-do-so-many-incompetent-men

18. シェリル・サンドバーグ著『LEAN IN（リーン・イン）女性、仕事、リーダーへの意欲』（川本裕子、村井章子訳、日本経済新聞出版社、2013年）

19. EY 女性アスリート・ビジネス・ネットワーク、「espnW」提携「女性、スポーツ、リーダーシップ」2014年 http://www.leadersmag.com/issues/2016.1_Jan/PDFs/LEADERS-Beth-Brooke-Marciniak-EY.pdf

Part 2

1. サンドバーグ、グラント「マダム CEO、コーヒーをいれてくれ」

2. ジョアン・C・ウィリアムズ、キャサリン・フィリップス、エリカ・ホール「二重の危機？　科学における有色人種女性に対するジェンダーバイアス」。WorkLifeLaw, UC Hastings College of Law, 2015.

http://worklifelaw.org/publication/double-jeopardy-gender-bias-against-women-of-color-in-science/

3. マデリン・エ・ヘイルマン、ジュリー・J・チェン、「同じ行動、異なる結果：男女の利他的市民行動に対するリアクション」*Journal of Applied Psychology* 90, no. 3 (May 2005): 431–41. http://psycnet.apa.org/journals/apl/90/3/431/.

4. サンドバーグ、グラント「マダム CEO、コーヒーをいれてくれ」

5. シルビア・バイヤー「大学生の科目履修に見る因果関係の性差」*Current Psychology* 17, no. 4 (1998): 346–58.

6. ジェシー・L・スミス、メーガン・ハントゥーン「女性が自慢する権利：控えめな態度を克服し、女性のセルフプロモーションを促進する」Psychology of Women Quarterly, December 20, 2013. https://scholarworks.montana.edu/xmlui/handle/1/9028

7. ミシェル・ヘインズ、マデリン・ヘイルマン「あなたのおかげです（私は何もしていません）！：成功した共同作業に対する貢献における女性の権利の正当化」。*Personality and Social Psychology Bulletin,* May 7, 2013. http://psp.sagepub.com/content/early/2013/05/03/0146167213486358.full

8. ヘザー・サーソンズ「共同作業に対する認識における性差」2015 年 12 月 3 日付研究報告書。http://scholar.harvard.edu/files/sarsons/files/gender_groupwork.pdf?m=1449178759.ヘインズ、ヘイルマン「あなたのおかげです（私は何もしていません）！」

9. ヘイルマン、チェン「同じ行動、異なる結果」。リース・ベスターランド、リンダ・バブコック、ローリー・ウェインガード「『ノー』と言ってガラスの天井を突き破る：昇進につながらない仕事を頼まれた際の断り方に見る性差」Carnegie Mellon Working Paper, 2013. http://gap.hks.harvard.edu/breaking-glass-ceiling-%E2%80%9Cno%E2%80%9D-gender-differences-declining-requests-non%E2%80%90promotable-tasks

10. エレン・ランガー、アーサー・ブランク「うわべだけの思いやりの行動の愚かさ：対人相互作用における"Placebic"情報の役割」。*Journal of Personality and Social Psychology* 36, no. 6 (1978): 635–42.

11. キャサリン・リッジウェイ・オブライエン「ただ『ノー』と言おう：職場における依頼を断る能力に見る性差の検証」Society for Industrial and Organizational Psychology, 2015. https://scholarship.rice.edu/handle/1911/77421

12. 同上。

13. 同上。

14. アルバート・マレービアン著『非言語コミュニケーション』（西田司他共訳、聖文社、1986 年）

15. 未発表の著者インタビュー、2014。エイミー・J・カディ、キャロライン・A・ウィルマス、アンディ・J・ヤップ、デーナ・R・カーニー「非言語的存在と就職の面接のパフォーマンスに影響を及ぼす事前のパワーポーズ」*Journal of Applied Psychology*, February 9, 2015. http://dx.doi.org/10.1037/a0038543

16. バーデン・ユンソン著 *Communicating in the 21st Century*,(New Jersey, John Wiley&sons Ltd, 2005) chapter 7。

17. ジュディス・A・ホール、エリク・J・コーツ、ラヴォニア・スミス・ルボー「非言語的行動と社会的関係の垂直階層：メタ分析」*Psychological Bulletin* 131, no. 6 (2005): 898–924。http://www.wisebrain.org/papers/NonverbCommVerticalRels.pdf

18. デーナ・R・カーニー、エイミー・J・C・カディ、アンディ・J・ヤップ「パワーポーズ：非言語的表示の神経内分泌レベルとリスク許容度における影響」*Psychological Science* 21, no. 10 (October 2010): 1363–68.

19. 「キャリア女性が男性と張り合うとき」*New York Times Magazine*, October 26, 1930.

20. クリストファー・F・カーボウィッツ、タリ・メンデルベルグ、リー・シェイカー「熟議におけるジェンダー不平等」*American Political Science Review* (August 2012): 1–15. http://www.bu.edu/wgs/files/2014/12/Karpowitz-et-al.-2012.pdf

21. メリッサ・C・トーマス＝ハント、キャサリン・W・フィリップス「自分の知っていることが十分ではないとき：タスクグループにおける見解とジェンダー・ダイナミックス」*Personal Social Psychology Bul-letin* 30, no. 12 (December 2004): 1585–98. http://psp.sagepub.com/ content/30/12/1585.abstract.

22. デボラ・タネン著『どうして男は、そんな言い方 なんで女は、あんな話し方：男と女の会話スタイ

ル9to5』（田丸美寿々・金子一雄訳、講談社、2001年）。

23. キャスリン・ヒース、ジル・フリン、メアリー・デイビス・ホルト「女性たちよ、声をあげよう」*Harvard Business Review*, June 2014. https://hbr.org/2014/06/women-find-your-voice.

24. 同上。

25. オリビア・A・オニール、チャールズ・A・オライリー3世「バックラッシュ効果の減少：セルフモニタリングと女性の昇進」*Journal of Occupational and Organizational Psychology*, 2011. https://onlinelibrary.wiley.com/doi/abs/10.1111/j.2044-8325.2010.02008.x

26. オーヴル・セゼル、フランチェスカ・ジーノ、マイケル・I・ノートン「謙虚な自慢：独特な――そして非効果的な――自己提示戦略」Harvard Business School Working Paper, no. 15-080, April 2015.

27. マイケル・D・ロビンソン、ジョエル・T・ジョンソン、ステファニー・A・シールズ「謙遜の利点について：バランスのとれた自己提示のもたらす利益」*Communication Research* 22, no. 5 (October 1995): 575–91. http://journals.sagepub.com/doi/10.1177/009365095022005003

28. ヴェラ・ホーレンズ、マリオ・パンデレーラ、フランス・オールダースマ、コンスタンチン・セディキーズ「うぬぼれの仮説：うぬぼれは己を高めることができるが、他者には見せないほうがいい」Journal of Personality 80, no. 5 (October 2012): 1237–74. https://onlinelibrary.wiley.com/doi/abs/10.1111/j.1467-6494.2011.00759.x

29. ジェフリー・ペッファー、クリスティーナ・T・フォング、ロバート・B・チャルディーニ、レベッカ・R・ポートノイ「セルフプロモーションのジレンマを克服する：自慢の結果としての対人魅力と特別な助力」*Personal Social Psychology Bulletin*, October 2006. http://psp.sagepub.com/content/32/10/1362.short.

30. アシュリー・ミルン＝ティート「女性は必要以上に職場に居座る」*Market-place*, July 17, 2013. https://www.marketplace.org/2013/07/17/economy/women-stay-jobs-longer-they-should

31. ヴェネッサ・ウォン「女性は男性以上に男性の上司を好む」*Bloomberg*, October 16, 2014. https://www.linkedin.com/pulse/20141018002553-151652777-women-prefer-male-bosses-even-more-than-men-doby-venessa-wong-and-natalie-kitroeff

32. ペギー・ドレクサー「女王蜂は本当か？」*Forbes*, October 17, 2014. https://www.forbes.com/sites/peggydrexler/2014/10/17/are-queen-bees-real/#23d06f234190

33. リー・D・シェパード、カール・アキノ「から騒ぎ？　職場での女性同士の対立に見るオブザーバーの問題化」*Academy of Management Perspectives* 27, no. 1, (2013): 52–62.

34. ウィリアムズ、デンプシー共著 *What Works for Women at Work: Four Patterns Working Women Need to Know* (New York: NYU Press, 2014), 264。ロビン・J・エリー「プロの女性たちの関係に見る組織的人口統計と社会的アイデンティティの効果」*Administrative Science Quarterly* 39, no. 2 (June 1994): 203–38. http://www.jstor.org/stable/2393234?seq=1# page_scan_tab_contents.

35. ヴァレリー・ヤング「成功した女性の考え方：できる人が詐欺師症候群に悩む理由と、その対処法」(New York, Crown Business: 2011).

36. ローラ・スターエチェスキー「どうして百聞は一言にしかずなのか：独り言の科学」National Public Radio, October 30, 2014. https://www.npr.org/sections/health-shots/2014/10/07/353292408/why-saying-is-believing-the-science-of-self-talk

37. シップマン、ケイ共著『なぜ女は男のように自信をもてないのか』

38. サラ・リーマ「君主の女性にのしかかる社会的期待研究から見えてくるもの」*New York Times*, September 24, 2003.

39. アシュレイ・シェルビー・ロゼット、ロバート・W・リビングストン「失敗は黒人女性の選択肢にはない：シングルに対して、ダブルの下位アイデンティティを持ったリーダーたちの組織的パフォーマンスに見る影響」*Journal of Experimental Social Psychology* 48 (2012) 1162–11167。V・L・ブレスコール、E・ドーソン＆E・L・ウルマン「負けるは易く勝つは難し：ジェンダーステレオタイプの不当な職業におけるリーダーの脆弱な地位」*Psychological Science*, 2010。ウィリアムズ、テンプシー共著 *What Works for Women at Work: Four Patterns Working Women Need to Know* (New York: NYU Press, 2014),228.

40. アンジェラ・L・ダックワースおよびその他「グリット：長期的な目標を達成する力と情熱」*Journal*

of Personality and Social Psychology, 2007. https://examinedexistence.com/wp-content/uploads/2014/09/grit-vs-iq-angela-duckworth.pdf

41. カーステン・ロッシュ、マイケル・F・シャイアー、グレゴリー・E・ミラー、リチャード・シュルツ、チャールズ・S・カーバー「達成不能な目標に対する適応可能な自主規制：目標撤退、目標再設定、主観的幸福」*Personality and Social Psychology Bulletin*, 2003。カーステン・ロッシュおよびその他「適応可能な自主規制における目標撤退の重要性：諦めがプラスに働くとき」*Self and Identity*, 2: 1–20, 2003. https://www.researchgate.net/profile/Carsten_Wrosch/publication/233264292_The_Importance_of_Goal_Disengagement_in_Adaptive_Self-Regulation_When_Giving_Up_is_Beneficial/links/0c960533315df7b28c000000.pdf.

42. ラドスティナ・K・パヴァノヴァ、ジョン・P・ムーロス、「極度の疲労に見る性差：メタ分析」*Journal of Vocational Behavior*, 77, no. 2, (October 2010): 168–85. http://www.sciencedirect.com/science/article/pii/S0001879110000771.

43. アメリカ疾病予防管理センター、過去3ヵ月間で頻繁に強い疲れを感じたり、疲労困憊した成人の割合（性別、年齢別）。National HealthInterview Survey, United States, 2010–2011.http://www.cdc.gov/mmwr/preview/mmwrhtml/mm6214a5.htm.

44. チャ・ヨンジュ「仕事に見る過労と根強い性差別」Gender & Society 27 (April 2013): 158–84. http://journals.sagepub.com/doi/abs/10.1177/0891243212470510?journalCode=gasa チャ・ヨンジュ「米国における働きすぎと働かなさすぎと男女の健康」March 29, 2013, unpublished paper. http://paa2013.princeton.edu/papers/132394

45. アメリカ合衆国労働省労働統計局「米国時間使用調査概要」June 24, 2015.「仕事における過労と根強い性差別」*Gender & Society* 27 (April 2013): 158–84.

46. ピュー研究所「もうひとつのジェンダー・ギャップ：余暇活動により多くの時間を費やす男性」June 10, 2013. http://www.pewresearch.org/fact-tank/2013/06/10/another-gender-gap-men-spend-more-time-in-leisure-activities.

47. カトリオーナ・ハーヴェイ＝ジェンナー「女性は男性よりも多くの睡眠時間を必要とする。それはまぎれもない事実である」*Cosmopolitan*, March 4, 2016.

Part 3

1. シャロン・マーヴィン「女王蜂と女王蜂気取りと蜂への恐怖：マネジメントにおける女性にとって最善の敵はもう存在しないのか」*British Journal of Management* 19, no. s1 (March 2008): S75–84. https://onlinelibrary.wiley.com/doi/abs/10.1111/j.1467-8551.2008.00573.x

2. ギャラップ「依然として、女性上司よりも男性上司を好む米国人」October 2014. http://www.gallup.com/poll/178484/americans-prefer-male-boss-female- boss.aspx.

3. マリアン・クーパー「女性リーダーにとって、好ましさと成功が結びつくことは滅多にない」*Harvard Business Review*, April 30, 2013. https://hbr.org/2013/04/for-women-leaders-likability-a

4. マデリン・E・ヘイルマンおよびその他「成功のためのペナルティ：男性性に代表される仕事において成功する女性への反応」*Journal of Applied Psychology*,2004. http://search.committee.module.rutgers.edu/pdf/Heilman%20adn%20Wallen%202004.pdf 。ローリー・A・ラッドマン、ピーター・グリック「男女をめぐる規範的な固定観念と主体的な女性に対するバックラッシュ」*Journal of Social Issues*, 2001. https://wesfiles.wesleyan.edu/courses/PSYC-309-clwilkins/week4/Rudman.Glick.2001.pdf. キャサリン・L・マックギン、ニコル・テンペスト「ハイディ・ロイゼン」Harvard Business School Case 800–228, January 2000, revised April 2010. http://hbr.org/product/Heidi-Roizen/an/800228-PDF-ENG.

5. 著者とのインタビュー、2010年

6. エイミー・カディ「私がいい人だからというだけで、愚かだと決めつけないで」*Harvard Business Review*, February 2009.

7. ポーラ・シューマン「女性に対する推薦状には偏見があるのか？」*Wall Street Journal*, November 15, 2010. http://blogs.wsj.com/juggle/2010/11/15/are-recommendation-letters-biased-against-women/.

8. 同上。

9. リン・ペリル著 *Swimming in the Steno Pool: A Retro Guide to Making It in the Office* (New York: W.W. Norton, 2011), 203.

10. 立法公文書センター、オンライン。http://congressarchives.tumblr.com/post/37712637089/on-december-11--1917-alice-wadsworth-president.

11. ステファニー・A・シールズ「情熱的な男性、感情的な女性：心理学が描き出す 19 世紀後半の性差」 *History of Psychology* 10, no. 2, (2007): 92–110.

12. ベロニカ・ロチャ、リー・ロムニー「差別を訴え、ナパバレー・ワイントレインとの戦いを始めた黒人女性たち」 *Los Angeles Times*, October 1, 2015.126.

13. アレッサンドラ・スタンレー「ライムズにつくりあげられた虚像」 *New York Times*, September 18, 2014.

14. フーダ・ハッサン「怒れる黒人女性たちは必ず命を落とす」 BuzzFeed, July 31, 2015.

15. ロクサーヌ・A・ドノバン「タフか優しさ：黒人と白人女性に対する白人大学生の心象に見る〈非〉類似点」 Psychology of Women Quarterly 35 (3): 2011458–68, Psychology of Women Quarterly 35 (3) 2011: 458–68.

16. リーン・イン・オーガニゼーション、マッキンゼー・アンド・カンパニー「職場の女性 2015」。シルビア・アン・ヒューレット、タイ・グリーン「黒人女性はいつでもリーダーになれる」 Center for Talent Innovation, 2015. http://www.talentinnovation.org/_private/assets/BlackWomenReadyToLead_ExecSumm-CTI.pdf.

17. マリアン・バートランド、センディール・ムライナサン「エミリーやグレッグはラキーシャやハマルよりも採用されやすいか？ 労働市場の差別に関する実地実験」 The National Bureau of Economic Research, 2003. http://www.nber.org/papers/w9873.

18. ジェイ・ニュートン＝スモール著 *Broad Influence: How Women Are Changing the Way America Works* (New York: TIME, 2015).

19. ロザベス・モス・カンター「団体生活に占める割合の影響：歪められた性比とわずかな女性たちへの対応」 *American Journal of Sociology*, 82, no. 5 (March 1977): 965–90.

20. キンバリー・E・オブライエンおよびその他「メンタリングにおける性差についてのメタ分析調査」 *Journal of Management*, 35, no. 2, (2010): 537–54 。ハーミニア・イバーラ、ナンシー・M・カーター、クリスティン・シルヴァ「なぜいまだに男性のほうが女性よりも昇進するのか」 *Harvard Business Review*, September 2010。シルビア・アン・ヒューレットおよびその他「スポンサー効果：最後のガラスの天井を突き破る」 *Harvard Business Review* Research Report, December 2010, 35。キム・エルセッサー著 *Sex and the Office: Women, Men, and the Sex Partition That's Dividing the Workplace* (New York: Taylor Trade Publishing, 2015). （最初の統計値は経済学者シルビア・アン・ヒューレットの調査からの引用）

21. リー・D・シェパード、カール・アキノ「から騒ぎ？ 職場での女性同士の対立に見るオブザーバーの問題化」 *Academy of Management Perspectives* 27, no. 1, (2013): 52–62.

22. マデリン・E・ヘイルマン「説明と指示：男女をめぐる固定観念が、組織内のはしごを登ろうとする女性をいかに妨げるか」 *Journal of Social Issues*, 57, no. 4, (Winter 2001): 657–74.

23. アンディ・マーテンズ、マイケル・ジョーンズ、ジェフ・グリーンバーグ、ジェフ・シメル「固定観念の脅威との戦い：女性の知的能力における自己肯定の影響」 *Journal of Experimental Social Psychology* 42, (2006): 236–43。マルグリート・リゴグリオーソ「ラテン系と白人学生の成績格差を埋めるシンプルな介入」 *Stanford University News*, February 14, 2013. http://news.stanford.edu/news/2013/february/latino-achievement-gap-021413.html.

24. ウィリアムズ、テンプシー共著 *What Works for Women at Work: Four Pat-terns Working Women Need to Know* (New York: NYU Press, 2014), 228.。C・M・スティール、S・J・スペンサー＆ジェイ・アロンソン「グループ・イメージとの戦い：固定観念と社会的アイデンティの脅威における心理学」。http://disjointedthinking.jeffhughes.ca/wp-content/uploads/2011/07/Steele-Spencer-Aronson-2002.-Contending-with-group-image.pdf

25. アイオアナ・M・ラトゥー、マリアン・シュミット・マスト、ヨリス・ラマーズ、ダリオ・ボンバリ「成功した女性リーダーがリーダーシップタスクにおける女性の行動に力を与える」 *Journal of Experi-mental*

Social Psychology 49, no. 3 (May 2013): 444–48.

26. クリス・ウィルソン「ハリウッドに紛れもなく存在する性差を示すチャート」*Time,* October 6, 2015.

27. ジェシカ・ベネット 「美しさの強み」 *Newsweek,* July 19, 2010.

28. アリソン・クック、クリスティー・グラス「ガラスの天井の上へ：女性と人種的／民族的マイノリティが CEO に昇進するのはいつか」*Strategic Management Journal* 35, no. 7 (July 2014): 1080–89 。ケン・ファヴァーロ、パーオラ・カールソン、ゲイリー・L・ニールソン 「この 10 年に見る女性 CEO たち」PwC Strategy&, April 29, 2014. http://www.strategyand.pwc.com/reports/2013-chief-executive-study.

29. ミッチェル・K・ライアン、S・アレクサンダー・ハスラム、メッテ・D・ハーズビー、レナータ・ボンジョーノ 「危機と言えば女性：マネジャーと言えば男性を思い起こさす固定観念に見るガラスの崖と文脈の多様性」Journal of Applied Psychology 96, no. 3 (2011): 470–84. https://www.researchgate.net/profile/Michelle_Ryan4/publication/49696241_Think_Crisis-Think_Female_The_Glass_Cliff_and_Contextual_Variation_in_the_Think_Manager-Think_Male_Stereotype/links/0912f50d17a5a0eca1000000/Think-Crisis-Think-Female-The-Glass-Cliff-and-Contextual-Variation-in-the-Think-Manager-Think-Male-Stereotype.pdf

30. ルッツ著『人はなぜ泣き、なぜ泣きやむのか？：涙の百科全書』（別宮貞徳、藤田美砂子、栗山節子訳、八坂書房、2003 年）1 章。サンドラ・ニューマン 「泣く男」*Aeon,* September 9, 2015.

31. トム・ルッツ著『人はなぜ泣き、なぜ泣きやむのか？：涙の百科全書』

32. 同上。

33. デービスにあるカリフォルニア大学のキンバリー・エルスバッハによる未発表研究。オルガ・カザン 「もっと職場で泣こう」 *The Atlantic,* March 17,2016.

34. アン・クリーマー 「なぜ女性は男性より涙もろいのか」 *The Daily Beast,* December 18, 2010. http://www.thedailybeast.com/articles/2010/12/18/john-boehner-crying-why-do-women-cry-more-than-men.html リチャード・H・ポスト 「年齢、性、人種に見る涙管の太さの違い」 ミシガン大学医学部人類遺伝学科。https://deepblue.lib.umich.edu/bitstream/handle/2027.42/37483/1330300109_ftp.pdf

35. ジェシカ・ベネット 「なぜ多くの女性がジムで泣くのか」 *Time,* October 20, 2014.

36. 「国立彫像ホールなどにはなぜ、女性を崇める彫像が少ないのか」 *Washington Post,* April 17, 2011.

Part 4

1. ジン・コウ・セイ、C・M・ジャッド、D・A・スターベル 「個別化情報のもとでの声をベースにした固定観念：温かさではなく知覚能力に影響を及ぼす女性らしい声」*Personal Social Psychology Bulletin* 35, no. 2 (February 2009): 198–211。R・C・アンダーソン、C・A・クロフスタッド、W・J・マュー、M・ベンカタチャラム 「ボーカル・フライが労働市場における若い女性の成功を蝕む可能性」 *PLoS One* 9, no.5 (2014). http://www.ncbi.nlm.nih.gov/pmc/articles/PMC4037169/.

2. ジャン・ホフマン 「バレーガールの話し方神話を覆す」 *New York Times,* December 23, 2013。キャロライン・ウィンター 「あなたの話し方は時代の先取りの仕方と関係があるのか」 *Bloomberg,* April 24, 2014.

3. アマンダ・リチャート、アマリア・アルヴァニティ 「南カリフォルニアで話される英語の、文末を上げる喋り方の構造と使い方」 2013 年 12 月 5 日サンフランシスコで開催された第 166 回米国音響協会にて発表。http://acoustics.org/pressroom/httpdocs/166th/4pSCa2-Ritchart.html.

4. エレン・ペトリー・リーンズ 「ただノーと言おう」 *LinkedIn Pulse,* May 29, 2015.

5. リッチ・スミス 「みんながいつでも『自分の気持ち』を言える気がする」 *The Stranger,* July 15, 2015.

6. デボラ・タネン、著者とのインタビュー。

7. ウィリアムズ、デンプシー共著 *What Works for Women at Work: Four Patterns Working Women Need to Know* (New York: NYU Press, 2014),66

8. フィリス・ミンデル教育学博士著 *How to Say It for Women* (New York: Prentice Hall Press, 2001).

9. ディアナ・ゲッデス、リーサ・T・スティックニー 「職場での抑圧された怒り：ソーシャルシェアリングを介して従業員の心の『声』を変えていく」 (2012) http://papers.ssrn.com/sol3/papers.cfm?abstract_id=2731708.

10. ダグラス・クゥエンクァ「彼らは、言語学の先駆けのようなものだ」New York Times, February 27, 2012. http://www.nytimes.com/2012/02/28/science/young-women-often-trendsetters-in-vocal-patterns.html.
11. アン・フリードマン「私たちは、なんというか、その、女性の話し方を克服できるだろうか」New York, July 9, 2015.
12. アンダーソンおよびその他「ボーカル・フライが労働市場における若い女性の成功を蝕む可能性」
13.「ボーカル・フライにおける大事なことは何か？ NYU の言語学者による見解」NYU News, September 29, 2015. https://www.nyu.edu/about/news-publications/news/2015/september/lisa-davidson-on-vocal-fry.html
14. アンダーソンおよびその他「ボーカル・フライが労働市場における若い女性の成功を蝕む可能性」
15. ジェシカ・ベネット、レイチェル・シモンズ「オフィスでのキスとハグ」The Atlantic, December 2012.
16. ロデリック・I・スワアブおよびその他「機能する書記言語：実質的な言語模倣が交渉結果をいつ、いかに促進するか」Journal of Experimental Social Psychology 47, no. 3 (May 2011): 616–21.
17. 女性メディアセンター「告発しなさい。変えなさい。全国の投票予定者 800 人へのオンライン調査から見えてきたもの」2010. http://www.lakeresearch.com/news/NameItChangeIt/NameItChangeIt.pres.pdf.
18. R・W「死亡記事：ジェラルディン・フェラーロ」Economist, March 27, 2011.https://www.economist.com/democracy-in-america/2011/03/27/geraldine-ferraro
19. ペラック、マリサ「私はゲイ・タリーズの助手だった。私が辞めたのは彼の性差別のせいだ」Washington Post, April 9, 2016. https://www.washingtonpost.com/posteverything/wp/2016/04/09/gay-talese-sexism/?noredirect=on&utm_term=.c008b0e85b46

Part 5

1.「許されるなら、女性は自らのためによりよく交渉する」Harvard Business Review, September 2014. https://hbr.org/2014/09/women-negotiate-better-for-themselves-if-theyre-told-its-ok-to-do-so.デボラ・A・スモール、ミシェル・ゲルファント、リンダ・バブコック、ヒラリー・ゲットマン「誰が交渉の場に臨むのか？ 交渉開始時のジェンダーおよびフレーミングの影響」Journal of Personality and Social Psychology 93, no. 4 (2007): 600–13.
2. 米国大学女性協会「賃金格差に見る性差にまつわるシンプルな真実」Spring 2016. http://www.aauw.org/research/the-simple-truth-about- the-gender-pay-gap/.
3. 米国大学女性協会「賃金格差からの卒業：大卒男女の初年度給与」2013 年。
4. ジェシカ・ベネット「男女による賃金格差に対峙するには？ 声をあげよう」New York Times, December 15, 2012.
5. フィオナ・グレイグ「交渉と昇進に見る傾向：女性が『ノロノロしたエレベーター』に乗っていることを示す投資銀行の実例」Negotiation Journal 24 no. 4 (October 2008): 495–508.
6. バブコック、ラシェーヴァー共著『そのひとことが言えたら…働く女性のための統合的交渉術』
7. ノーラン・フィーニー「研究：女性は男性よりも交渉において騙される可能性が高い」Time, August 3, 2014。ローラ・J・クレイ、ジェシカ・A・ケネディ、アレックス・B・ヴァンザント「違いを知るための十分な能力がないのか？ 交渉者があらかじめ騙そうとする女性のミスリードされやすさについての男女をめぐる固定観念」Organizational Behavior and Human Decision Processes, November 2014.
8. クリス・ガスリー、ダン・オール「アンカリング、情報、専門知識、交渉：メタ分析からの新たな考察」Ohio State Journal on Dispute Resolution, 2006.
9. ハンナ・ライリー・ボウルズ、リンダ・バブコック「女性はどうすれば補償交渉のジレンマから逃れられるのか？ ひとつの答えは相関的説明である」Psychology of Women Quarterly 37, no. 1 (2013): 80–96.
10. ハンナ・ライリー・ボウルズ「女性はなぜ仕事依頼の交渉をしないのか」Harvard Business Review, June 19, 2014. https://hbr.org/2014/06/why-women-dont-negotiate-their-job-offers/.
11. ボウルズ、バブコック「女性はどうすれば補償交渉のジレンマから逃れられるのか？」

NOTES

12. ハンナ・ライリー・ボウルズ、リンダ・バブコック、レイ・レイ「交渉開始傾向に見る性差の社会的インセンティブ：たずねるのがつらいこともある」*Organizational Behavior and Human Decision Processes*, 103 (1), (2007) : 84–103.

13. ジェニファー・L・ホルト、シンシア・ジェイムズ・デヴォア「文化、ジェンダー、組織的役割、問題解決スタイル：メタ分析」*International Journal of Intercultural Relations* 29 (2005): 165–96.

Part 6

1. カーラ・A・ハリス著 *Expect to Win: 10 Proven Strategies for Thriving in the Workplace* (New York: Plume Books, 2010).

2. ジョルジュ・デヴォー、サンドリーヌ・ドヴィラール＝ホーリンガー、メアリー・C・ミーニー「女性のためのビジネスケース」*The McKinsey Quarterly*, September 2008, 4. https://www.researchgate.net/publication/294484714_A_business_case_for_women

3. ケイ、シップマン共著『なぜ女は男のように自信をもてないのか』。「少数の女性しかトップに立てないもうひとつの説明」*Washington Post*, November 29, 2011. https://www.washingtonpost.com/blogs/post-leadership/post/yet-another-explanation-for-why-fewer-women-make-it-to-the-top/2011/04/01/gIQA2IIP9N_blog.html.

4. クレア・マーティン「あなたの失敗に袖を通せ」*New York Times*, November 8, 2014.

5. サンドバーグ著『LEAN IN（リーン・イン）女性、仕事、リーダーへの意欲』

6. 「ジェンダー研究が示す『失敗の不安に振り回される』女性たち」*Times Higher Education*, November 6, 1998. https://www.timeshighereducation.com/news/gender-study-shows-women-are-driven-by-fear-of-failure/109745.article.

7. ジェイムズ・P・バーンズ、デイビッド・C・ミラー、ウィリアム・D・シェーファー「危険負担における性差：メタ分析」*Psychological Bulletin* 125, no. 3 (May 1999): 367–83。キャサリン・C・エッケル、フィリップ・J・グロスマン「男性、女性、リスク回避：実験的証拠」チャールズ・R・プロット、バーノン・L・スミス編 *Handbook of Experimental Economics Results*, vol. 1 に収録。(Amsterdam: North Holland, 2008), 1061–73.

8. アダム・グラント著『ORIGINALS 誰もが「人と違うこと」ができる時代』（楠木建監訳、三笠書房、2016 年)

9. トーマス・ギロビッチ、ビクトリア・ハムステッド・メドビック「後悔の経験：何を、いつ、どうして」*Psychological Review* 102, no. 2 (April 1995): 379–95. http://citeseerx.ist.psu.edu/viewdoc/download?doi=10.1.1.334.2870&rep=rep1&type=pdf

10. ヘイルマン、チェン「同じ行動、異なる結果：男女の利他的市民行動に対するリアクション」*Journal of Applied Psychology* 90, no. 3 (May 2005): 431–41. ヴェスターランド、バブコック、ウェインガード『「ノー」と言ってガラスの天井を突き破る：昇進につながらない仕事を頼まれた際の断り方に見る性差」*Carnegie Mellon Working Paper*, 2013. オブライエン「ただ『ノー』と言おう：職場における依頼を断る能力に見る性差の検証」*Society for Industrial and Organizational Psychology*, 2015.

11. ニール・アーウィン「数名の男性が 80 時間の労働時間を偽る方法と、それが問題となる理由」*New York Times*, May 4, 2015. 未発表研究：エリン・リード「包括、通過、明確化、そして理想的な労働者のイメージ：予想された経験豊富なプロのアイデンティを誘導する方法」*Organizational Science*, April 20, 2015.

12. エッケル、グロスマン「男性、女性、リスク回避：実験的証拠」チャールズ・R・プロット、バーノン・L・スミス編 *Handbook of Experimental Economics Results*, vol. 1.Ch. 113, 1061–73, 2008. ダグ・サンドハイム「女性は男性と同じくらいたくさんのリスクを冒しているか」*Harvard Business Review*, February 27, 2013. https://hbr.org/2013/02/do-women-take-as-many-risks-as/.

13. 同上。

14. ヘイルマン、ヘインズ「功績があっても認められない：男女混合チームでの女性の成功に見る権能の正当化」*Journal of Applied Psychology*, 90, no. 5 (September 2005): 905–16.

15. ユージーン・カルーソー、ニコラス・エプレイ、マックス・H・ベイザーマン「グループ内における自

己中心的な責任評価を無効にするコストとメリット」*Journal of Personality and Social Psychology* 91, no. 5 (November 2006): 857–71.

16. ユンソン著 *Communicating in the 21st Century* chapter 7.

17. カーポウィッツ、メンデルベルグ、シェイカー「熟議におけるジェンダー不平等」*American Political Science Review* (August 2012): 1–15.

18. サンドバーグ、グラント「マダム CEO、コーヒーをいれてくれ」*New York Times,* February 6, 2015.

19. ウィリアムズ、デンプシー共著 *What Works for Women at Work: Four Patterns Working Women Need to Know* (New York: NYU Press, 2014)。ヘイルマン、チェン、「同じ行動、異なる結果：男女の利他的市民行動に対するリアクション」*Journal of Applied Psychology* 90, no. 3 (May 2005): 431–41.

20. コンスタンス・ゲイガー、スコット・ヤバイク「誰が時間を持っているのか？ 家事労働時間と性交頻度の関係」*Journal of Family Issues,* February 2010.

21. スコット・コルトレーン「家事労働に関する調査：毎日行なう家事の社会定着のモデリングと測定」*Journal of Marriage and Family,* November 2000.

22. ルーデス・ガルシア＝ナヴァッロ「同性カップルのほうがより平等な関係を築く可能性」NPR's *All Things Considered,* December 29, 2014.

23. B・ヘイルマン、G・コール、K・マトス、A・ハシンク、R・ミンシー、G・バーカー「米国の父親の現状：メンケア擁護発表」Washington, DC: Promundo-US. https://men-care.org/what-we-do/advocacy/state-of-americas-fathers/

24. A・クロフト、T・スカマーダー、K・ブロック、A・S・バロン「第2世代に反映される第2シフト：家庭における親の性差による役割分担は子どもの向上心に影響をおよぼすか」*Psychological Science,* July 2014.

25. ジェイミー・ラッジ、ベス・ハンバード、ブラッド・ハリントン、マーラ・ワトキンス「会社人間をアップデートする：職場における複雑なファザーリングについての調査」*Academy of Management Perspectives,* October 7, 2014.

26. ステファニー・L・ブラウン、ディラン・M・スミス、リチャード・シュルツ、ムハンマド・U・カベト、ピーター・A・ユーベル、マイケル・ポーリン、イ・ジェヒ、キャサリン・キム、ケネス・M・ランガ「死亡リスクの低下と関連する介護行動」*Psychological Science,* April 2009.

27. Facebook 無意識のバイアストレーニング。https://managingbias.fb.com.

28. クリスチャン・L・デジョー、デイビッド・ギャディス・ロス「トップマネジメントにおける女性の代表は企業実績を改善するか？ パネルデータ調査」*Strategic Management Journal* 33, no. 9 (September 2012): 1072–89 。セドリック・ヘリング「多様性はプラスになるのか？ 人種、性別、多様性のビジネスケース」*American Sociological Review* 74, no. 2 (April 2009): 208–24.

29. アリソン・クック、クリスティ・グラス (2016)「女性は公平に昇進するか。指導者を構成するジェンダーが、アメリカ企業における LGBT に優しい政策に及ぼす影響」*Human Relations69,* no. 7(February 2016): 1431-1456

フェミニスト・ファイト・クラブの立ちあげ方！

1. マリリン・ヤーロム、テレサ・ドノヴァン・ブラウ共著 *The Social Sex: A History of Female Friendship* (New York: Harper Perennial, 2015).

弊社刊行物の最新情報などは
以下で随時お知らせしています。

ツイッター
@umitotsuki
フェイスブック
www.facebook.com/umitotsuki

フェミニスト・ファイト・クラブ
職場の「女性差別」サバイバルマニュアル

2018年8月27日　初版第1刷発行

著者
ジェシカ・ベネット

訳者
岩田佳代子

編集協力
藤井久美子

装幀
ジョナサン・グレイ
（日本語版アレンジ：Y&y）

印刷
萩原印刷株式会社

発行所
有限会社 海と月社
〒180-0003　東京都武蔵野市吉祥寺南町2-25-14-105
電話0422-26-9031　FAX0422-26-9032
http://www.umitotsuki.co.jp

定価はカバーに表示してあります。
乱丁本・落丁本はお取り替えいたします。

©2018 Kayoko Iwata　Umi-to-tsuki Sha
ISBN978-4-903212-65-4

BRO-FREE WORK PLACE

NO MANTERRUPTING **RIOTS**

SRUNCHIE SLINGSHOT **NOT**

FEMINIST FIGHT CLUB **DIETS**

GRRRL POWER FRIES OVER GUYS
WANT COFFEE!

DON'T TELL ME TO SMILE

A FEMINIST WAS HERE

FUCK YEAH FFC

SUPPORT YOUR LOCAL GIRL GANG

Smash the patriarchy

No boys allowed WOMAN

INTERSECTIONAL FEMINISM